"茅舍槿篱溪曲"

"门外春波荡绿"

踏上回归精神故里寻古探幽的旅程，

感受乡土的温暖与润泽，

体味精神家园的馨香。

中国民间文化遗产抢救工程
THE PROJECT TO CHINESE FOLK CULTURAL HERITAGES

陕西党家村

中国历史文化名城·名镇·名村丛书

中国民间文艺家协会 / 组织编写

总主编 / 潘鲁生 邱运华

本卷主编 / 王盛华 王印堂

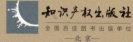
知识产权出版社
全国百佳图书出版单位
——北京——

《中国历史文化名城·名镇·名村丛书》
总编委会

总　顾　问｜冯骥才

总　主　编｜潘鲁生　邱运华

执行总主编｜刘　超

委　　　员｜潘鲁生　邱运华　侯仰军　徐岫鹃　刘德伟

　　　　　　刘新民　王润贵　宋　云

《中国历史文化名城·名镇·名村丛书》
陕西省编委会

顾　　　问｜蔺　雨　王勇超

主　　　编｜王盛华　刘丽玲

编　　　委｜*以姓氏笔画为序*

　　　　　　王　智　王继胜　杨万锁　张周平　周云岳

　　　　　　高　漫　曹永川　傅功振　路毓贤

《中国历史文化名村·陕西党家村》
编委会

顾　　问｜蔺　雨　王勇超

主　　任｜刘丽玲

主　　编｜王盛华　王印堂（执笔）

编　　委｜以姓氏笔画为序

　　　　　　王　智　　王印堂　　王继胜　　王盛华　　杨万锁

　　　　　　张周平　　周云岳　　党康琪　　党鉴泉　　高　漫

　　　　　　曹永川　　寇佳辉　　路毓贤

摄　　影｜郗俊先　李　瑛　范德元　晏天梁

英文翻译｜赵　昱

积聚海量信息 寻觅科学路径（序一）

邱运华

中国历史文化名城·名镇·名村丛书

　　传统村落保护是当下中国文化遗产保护工作中最重要的社会性课题之一。对于一个具有绵延五千年不间断农业文明的民族来说，传统村落能否得到妥善保护更是一个文明能否传承的关键问题。

　　传统村落保护是当代社会发展的普遍问题，不独中国社会存在，西方发达国家存在，东方发达国家也存在。从世界范围看，这是一个国家从欠发达到发达、从农业社会过渡到工业社会、从以农村为主体发展到城镇化生活方式过程中普遍存在的问题。有学者把中国农村经济结构改造、社群建设、新文化建设和整体民生改善工作这一进程，追溯到 20 世纪 50 年代。但我以为，它毕竟不是我们现在所处的整体转向工业化、城市化进程中遇到的课题。中国社会同一性质的乡村保护课题，起源还是世纪之交的2003 年 2 月 18 日"中国民间文化遗产抢救工程"。2012 年 12 月 12 日，住房和城乡建设部、文化部、财政部联合发布《关于加强传统村落保护发展工作的指导意见》，2014 年 4 月 25 日，除上述三部外又增加了国家文物局，联合发布《关于切实加强中国传统村落保护的指导意见》，两次重申传统村落保护的联合行动。冯骥才先生在 2012 年的一篇文章里把传统村落保护提高到文明传承的高度，我认为非常正确。中国社会各界对传统乡村保护的问题，有着非常积极的呼应。

　　中国是发展中国家，但是从东部、南部和东南部区域看，具有发达国家的某些特征。农村人口从西部向东部、从村落向城镇转移，是1990—2010年最重要的社会现象，这一巨大的人口变迁集中表现为城镇人口急速膨胀、传统村落急速空心化，不少历史悠久的自然村落仅仅剩下老人和儿童。因此，传统村落的保护在中国面临的问题，与发达国家相比，具有共同性。例如，从"二战"后恢复到工业化时期，德国和日本先后进行的村落更新或改造项目具有几个明显特征：一是以激发村落内部活力、发展农村经济作为前提，以改造农村基本生活设施作为基础展开；二是村落更新或再造项目以土地管理法令的再研究作为保障；三是建立了学术界论证、公布更新或再造规划、政府支持的财政额度及投入指向、个性化改造方案与村民意愿表达的有效沟通机制，有效保护村落历史文化、自然风景、公共空间与私人空间等要素。综合来看，先行的国家特别注重传统村落的"民间日常生活"保存问题。

所谓"民间日常生活"的具体含义是什么？乃指传统村落村民群体的方言、交往方式、经济生产活动、衣食住行、生老病死、教育、节日活动、传统风俗、民间信仰活动以及区域性的传统手工艺活动等，以及上述种种的精神性、思想性、文化性、艺术性和物质性表现形态。长期以来，中国传统村落之所以成为民族文化的保留者和传承平台，核心在于保存着这个民间日常生活，它的内容和方式，在民间日常生活的基础上，方可承载不同样式、层次的民族文化。

之所以在这里提出将"民间日常生活"作为传统村落的文化基础问题，乃是因为看到目前对待传统村落的两种观点具有一定的欺骗性，并不同程度地主宰和误导了传统村落的基本价值指向。一种是浪漫主义传统村落观，一种是商业主义传统村落观。浪漫主义传统

中国民间
文化遗产
抢救工程
THE PROJECT TO CHINESE
FOLK CULTURAL HERITAGES

中
国
历
史
文
化
名
城
·
名
镇
·
名
村
丛
书

村落观把传统村落理想化、浪漫化，仿佛传统村落是用来怀旧的，象征着一切美好的自然与人类的和谐，田园风光，日出而作，日落而息，男耕女织，像是《桃花源记》里的武陵源，"不知有汉，无论魏晋"。但是，这不是民间日常生活；民间日常生活还包含在落后生产力条件下的温饱之苦、辛劳之苦，是传统村落里百姓的生活常态；生产关系之阶级阶层压迫、政治强权和无权地位，以及在自然面前束手无策，在兵灾、匪患和种种欺男霸女面前的悲惨状态，甚至中华人民共和国成立以来出现过的政治压迫、思想禁锢和社会运动之灾，是乡村浪漫主义者无法想象的，而这，就是大多数传统村落的民间日常生活。文人雅士，在欣赏田园风光和依依炊烟之时，能否探入茅舍，去看看灶台、铁锅和橱柜，去看看大量农夫、农妇的身影，他们是否仍然饥饿、寒冷？或者他们的孩子是在劳作还是就学？商业主义传统村落观呢，则直接把传统村落改造成伪古典主义的模板，打造成千篇一律的青砖瓦房，虚构出一系列英雄史诗和骑士传奇，或者才子佳人和神异仙境的故事，两者相嫁接，转化为商业价值或者政绩价值，成为行政或市场兜售的噱头，这一行为成为当下传统村落"保护"的常态。这两种传统村落观，一个共同的特点是把村落与民间日常生活相割裂，抹杀了民间日常生活在传统村落里的价值基础，从而，也直接把世世代代生活于这一场景中的村民赶出村落，嫌他们碍事，妨碍了我们的浪漫主义和商业主义梦想；他们不在场，我们可以肆意妄为地文化狂欢。那些在民间日常生活中久存的精神性的、思想性的、文化性的、艺术性的符号，均不在话下。但是，假如村民不在场，社群活力不再，传统村落如何是活态的呢？西方哲学有一个时髦术语，叫作"主体缺失"，因为主体缺失，因而话语狂欢。

关注传统村落的村民，无疑是中国传统村落保护的第一要素。但恰好是人这第一要素导致了传统村落的凋敝和乡愁的产生。

1990—2010 年这二十年，一些区域传统村落里村民流动性的增强，特别是青壮年村民向东部、东南部和南部沿海地区季节性的流动，极大地影响了这些区域传统村落民间日常生活的展开，减弱了传统村落的社群活力，也相应减少了传统文化活动的开展。这样，构成传统村落民间日常生活的内容慢慢演变成淡黄色、苍白色，成为一种模糊记忆，抑或转化为一年一度的春节狂欢，最后，演变定格成为日常性质的乡愁。民间日常生活不再完整地体现在现在乡村生活之中。那个完整的民间日常生活，在我们不得不离开它的土壤之后，便蜕变为乡愁。乡愁这只蝴蝶的卵，就是民间日常生活。而伴随着乡愁这只蝴蝶而出现的，却是一个个村落日常生活不断凋敝、慢慢消失。乡愁成为我们必须抓住的蝴蝶，否则，我们的家乡便消失在块垒和空气之中，我们千百年创造的文化便无所依凭。然而，据统计，在进入 21 世纪（2000 年）时，我国自然村总数为 363 万个；到了 2010 年，仅仅过去十年，自然村总数锐减为 271 万个。十年内减少约 90 万个。若是按照这个速度发展下去，三年、五年之后，我们的传统村落便无踪无影了。也就是说，出生和成长在这些村落而现在散居在世界各地的人们，将无以寄托他们的乡愁。若是其中有的村落有几百年、上千年甚至更久远的历史呢？若是其中有的村落有着华夏一个独特姓氏、家族、信仰和其他各种人文景观等等呢？

越来越多的学者开始从事传统乡村保护的研究工作，例如《人

中国民间
文化遗产
抢救工程
THE PROJECT TO CHINESE
FOLK CULTURAL HERITAGES

中国历史文化名城·名镇·名村丛书

民日报》2016 年 10 月 27 日发表了《老宅、流转、新生》为题的介绍黄山市探索古民居保护新机制的文章，还配发了题为《古民居保护，避免"书生意气"》的评论；《中国文化报》2016 年 10 月 29 日发表了题为《同乡村主人一起读懂文化传承》的文章，提出了"新乡村主义"的概念，在它的题目之下，包含有乡村治理、乡村重建和乡村产业化的多功能孵化等内容。为此，文章提出了"政府制定政策方向、标准化编列预算，聘请专家团队和 NGO 组织，进行顶层设计、人才培育、产业孵化和公共服务"四项基本措施，还配发了《莫让古民居保护负重前行》的文章。《光明日报》2016 年 11 月 15 日发表了题为《福建土堡：怎样在发展中留住乡愁》的报道，记叙了专家考察朱熹故乡福建三明尤溪土堡的过程；记者报道了残存的土堡现状，记录下专家们的意见：政府与社会资本合作的"PPP 模式"，面对乡村人口日趋减少的不可逆现实，应该吸引城市中的人回到乡村，将土堡打造为"民宿"，在不破坏现有形制的前提下，实现功能更新。也有专家提出，就保护而言，首先应该考虑当地人，人的利益是优先的，只有做到长期发展而不是只顾短期利益，文化遗产保护事业才能够持续发展，等等。

上述建议，已经超越了简单的乡愁情怀，而诉诸国家土地法规、资金筹措模式、专家功能实现等层次。应该说，在越来越深入研究、讨论的基础上，对传统村落保护的思路越来越宽了，为政府制定传统村落保护法提供了良好的基础。在国家立法的基础上，国家、地方政府组织专家开展普查，确认传统村落的级别，分别实施不同层次的激活、保护、开发，才有坚实的基础。

我理解，通过专家学者的普查、认定，得出的结论一定会有利于政府形成健全完备的保护方案和具体操作措施。一方面，对仍然有社群活力的乡村，实施新农村建设规划，改善其经济机制，改建生活设施，改善村民的生活条件，把工作重点聚焦到提高农业产业框架基础、为居民提供更好的生活环境、增强村庄文化意识、保存农村聚落特征上来。另一方面，为有着特殊文化传承却逐渐凋敝，甚至失去社群活力的乡村，探索一套完善保护的工作模式，形成一种工作机制，并得到国家法规政策的支持和保障，包括土地规划、投资体制、严格的环境保护，建立严格的农民参与机制等，为保留故乡记忆、记住我们的乡愁，留下一系列艺术博物馆、乡村技艺馆，产生具有独特价值的"乡愁符号"。

作为"中国民间文化遗产抢救工程"的重要项目之一，《中国历史文化名城·名镇·名村丛书》正是通过众多专家学者和民间文艺工作者辛勤的田野调查工作，在中国民协推动的"中国传统村落立档调查工程"所积聚的海量信息基础上，多学科、多视角地反映当下古城古镇和传统村落现状，发掘传统文化的独有魅力，进而为保护和传承优秀传统文化积累鲜活的素材，汇拢丰富的经验并寻觅科学的路径。相信这套丛书的出版将对古城古镇和传统村落的保护发挥积极作用。

2017 年 3 月

（作者系中国民间文艺家协会分党组书记、驻会副主席）

王盛华

中国民间
文化遗产
抢救工程
THE PROJECT TO CHINESE
FOLK CULTURAL HERITAGES

中国历史文化名城·名镇·名村丛书

　　我的故乡在农村，那里原本是秦岭深处一个普普通通的小村子，却有着六百多年的建村历史。村中原有三棵大橡树，据说是原始森林的遗物，村人称为风脉树，还有数册纸质发黄的李姓家谱，记载着从明代至民国繁衍生息的家族史。当然还有保佑村人吉祥平安的菩萨庙、马王庙、土地庙，逢年过节那可是极热闹的所在。至于那座位于高台上的祠堂，还有祠堂对面五脊六兽的大戏楼，虽然有些破败，却是清代的遗物，仍可从雕梁画栋上的斑斑痕迹中看出当年恢弘的气势。全村二百多户人家，两千多口人，就挤在这样一个洼地里，灰瓦土墙，鸡犬之声相闻，可谓其乐也融融。但是多年以后，我再次回到故乡，炊烟已不在屋顶上飘浮，鹅卵石铺成的巷道，脚板踏下去已没了叮咚作响的韵味，香火缭绕的庙宇也在历次运动中成了废墟，取而代之的是乡邻们沿大路两边盖起的二层小楼，一个休养生息的古老村庄就这样被淘汰在了历史的进程中。当时，还真让我有了一些"一看肠一断，好去莫回头"的惆怅之感。

　　其实，这并非我个人的乡愁，而是当今大多数有良知、有担当、有社会责任感的文化人，甚至民众普遍怀有的一种"共看明月应垂泪，一夜乡心五处同"的理不清、道不明的缕缕情结。

　　由此及彼，我就想到了被称为"关中自古帝王都"的陕西。无疑，陕西是中华民族重要的发祥地之一，历史上曾有13个朝代在西安建都，其中的秦皇汉武、大唐雄风，曾让多少英雄豪杰，文人词客为之仰天而歌。同时，这里还是丝绸之路的起点，华夏民族疆土的拓展离不开从这里出发的金戈铁马。而这辉煌的背后，它的支撑点，也就是说它赖以生存的土壤实在离不开那些在历史上有过奉献的名城、名镇、名村。国家者，如果溯源，从农耕时代起，无不是由一家一家组成了村，再由一村一村组成了镇，更由一镇一镇结合而成了城，千古依然。虽然其中有过战乱，有过瘟疫，但其生存的根基并没有因之而改变，那些留存的自然景观、历史见证、文化承载、民风民俗、生产生活方式也没有自此消失。相反，一代一代人的口耳相传，一辈一辈人的传承呵护，修旧理新，使那些城、镇、村保留到了如今。这些城、镇、村家国的载体，也是我们回溯五千年文明历史引以为豪的资本。据初步统计，截至2023年4月，陕西已有179个独具特色的古村落入选中国传统村落名录，这就是有力佐证。其中包括在外界有名的韩城党家村、铜川耀州孙塬村、汉中宁强青木川村、安康紫阳营梁村等。当然，这仅是其中一部分。这179个古村落，充其量也就是一个县区一个古村落，这和陕西的地域文化历史脉络是极不匹配的。根据我们初步掌握的资料，古村落在陕西远远不止这179个，这就需要我们去做大量挖掘保护工作了。

　　因而对于名城、名镇、名村的保护已成为我们这代人义不容辞的担当和责任。这是在于，每一个中华儿女记忆中都有一个念念不忘的故乡，都有一份浓得化不开的乡愁。不论你是务工经商的，当官为政的，还是身处异国他乡的游子，你的故土就是你成长的摇篮，你离不开它，你也忘却不了它。正是在这些古村落中，蕴含着

中国民间文化遗产抢救工程

THE PROJECT TO CHINESE FOLK CULTURAL HERITAGES

SOS

中国历史文化名城·名镇·名村丛书

中华民族数千年来从穴居生活到农耕文明的历史记忆，凝聚着我们祖辈一代一代人的生产生活技巧和智慧，储藏着数不清的民间文化艺术结晶，维系着我们割不断、舍不得的家国情怀和民风民俗。那荷塘的蛙声，飘荡的秋千，冉冉上升的炊烟，乡间小路上的明月，朗朗上口的家训乡约，哪一处不浸润着我们从儿时起就积蓄的乡恋。可以说，这一切的一切，都是中华民族优秀传统文化的重要组成部分，千百年来它就像一股看不见的清泉，已经深入我们骨髓，融化在我们的脑海中，从而延续华夏文脉，让我们建立为人处世的道德标准、礼仪规范，促使民众自强不息、民族繁荣昌盛，从一个征途走向另一个征途。

只可惜，在农耕文明向工业文明过渡的历史进程中，我们赖以生存了几千年的古村落，随着农村青壮年外出务工，大量劳动力向城市聚集，城镇化进程中农村大量的物力、财力也向城镇转移，短短几十年时间，放眼望去，曾经笑语喧哗、鸡鸣狗吠的堡子、寨子只剩下一些年迈体衰的老人和不谙世事的少年儿童，是他们在守着寂寞的村落，伴着暗淡的夕阳。加之有些地方政府官员，为了凸显政绩，不顾村情乡情镇情，或过度开发，或强迫移民，或受经济利益驱动，伪造一些所谓的特色小镇，致使相当多的见之经传、颇具口碑的名城、名镇、名村已变得面目皆非，甚至荡然无存。说来不仅痛心，而且疾首。

幸喜泱泱大国不乏有识之士，不乏放眼历史、展望未来的担当之民，是他们清醒地看到了这些传统的城镇村落对于文明的延续和传承所起的重大作用。继2012年12月12日国家三部委颁布了《关于加强传统村落保护发展工作的指导意见》之后，中国民协又力推开展了"中国传统村落立档调查工程"，并组织人力、物力深入实际开展田野调查，编辑出版《中国历史文化名城·名镇·名村丛书》，这确是值得大幸而特幸的事情。它不仅有利于保护传统村落，振兴乡村经济，进而建成小康社会，促进优秀传统文化创造性转化和创新性发展，同时还可以从政治、经济、文化等角度多层次反映古村落曾有过的那一段历史，让中华民族的文化基因与当代文化建设相协调，进一步让我们记住曾有过的浓浓乡情，回归曾经娱乐我们精神的故里，去感受泥土的芳香，檐前的滴水。而且我也真挚地相信，它让我们在探究历史、享受历史的过程中，用保护名城、名镇、名村的这份担当，为我们的家园迎来一个美好的未来。

2023年4月

（作者系陕西省民间文艺家协会顾问、陕西省国学研究会常务副主席）

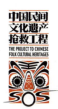

中国历史文化
名城·名镇·名村丛书

中 国 历 史 文 化 名 村
陕西党家村 | 目录

Famous Villages, Famous Towns, Famous Cities
of Chinese Historical and Cultural Series

The Chinese Famous Historical and Cultural Village
Dangjia Village Shaanxi | Contents

引 言

黄河西岸党家村，

享誉东方冠宝秦。

走过元明堪贵古，

遗存塔院愈弥珍。

砖墙雕蕊清香溢，

石板铺坪质朴纯。

中外嘉宾交口赞，

生熟游客俱销魂。

这是王印堂先生采访中国历史文化名村——陕西党家村时，即兴创作的一首七言新律诗。

这是一个弥足珍贵、值得诗人歌唱、让游客流连忘返的小村子。

数千年烽烟弥漫，战火纷飞，沧海桑田。

曾矗立在陕西省西安市（古长安）的那些豪华宫殿，早已毁

↓ 党家村景区大门

于战火，灰飞烟灭。

作为丝绸之路起点的长安，在失去国都的地位之后，此后历经一千多年，辽阔的八百里关中平原地面上，是否还有完整遗留下来的古代民间建筑村落？

有！

从西安朝东北方向驱车144公里的黄河岸边，有一个历史悠久的文化名城叫韩城。这里就是"史家之绝唱，无韵之离骚"——《史记》的作者司马迁的故里。

历史确实与韩城有缘，黄河滋润的这片黄土地，不仅留下了史圣司马迁祠，还留下了弥足珍贵的31处古遗址和146处古建筑。更难能可贵的是，这里竟然完整保留下来了一个古村落——党家村。

这里是一个美丽而又神奇的地方。古、幽、美、雅、厚、神，令人叹为观止。1999年9月7日，时任全国政协主席李瑞环来到党家村视察，亲笔题写"民居瑰宝"，这幅墨宝如今就刻在党

↓ 党家村外景

家村村口处。

党家村处于中国西部的关中大平原上的东北角，属陕西省渭南市代管的县级市韩城市。党家村位于韩城东北方向的西庄镇，距韩城市城区9公里，东距黄河3.5公里。

从空中俯瞰党家村，它东起泌阳堡，西至西坊塬，南起南塬崖畔，北到泌阳堡北城墙，总面积160公顷，其中居住用地34公顷，农业用地126公顷。

这里是黄河边众多村落中的一个典型。其所处的自然环境源自黄土、黄河和沟岔丘壑。中国黄土地带十分广阔，东至太行山，西延祁连山，呈东西向带状分布。韩城市党家村就处于这一地域。据考察，黄土层最厚处约200米，浅者也有数米。这里的黄土土质均匀，含有大量硅酸盐，具有垂直成层的特性，适合制造砖瓦建材，也适合早期人类钻土凿窑安家。党家村的祖先——党恕轩最早来到这里时栖身的就是土窑洞。

↑ 党翰林故居

党家村之古

这是一个古老的民居村落，自有它神奇的魅力，任何陌生人来到这里都会感到好奇：

党家村从何时建村？这里住着什么人？其间都经历了哪些风雨？隐藏着多少秘密？为什么党家村会被称为"东方人类古代传统居住村寨的活化石"？

国务院为什么把党家村古建筑群列为第五批全国重点文物保护单位？建设部（现住房和城乡建设部）和国家文物局为什么还把党家村列为中国历史文化名村？为什么党家村古建筑群还能与西安城墙同时荣登中国世界文化遗产预备名单？

↑ 党家村民居俯瞰

因为，党家村的历史可以上溯至遥远的元朝！它在此地已经安逸地静卧了近700年。

重要的是，党家村全村老百姓安身立命的居住环境，竟然全是古色古香的四合院。这里是他们家族近700年来世世代代繁衍生息的家！

党家村之幽

沿着渭北高原宽阔的公路前行，靠近党家村的时候，举目四望，居然没有看见那个神秘古建筑村落。原来，党家村隐藏在附近的一条小河沟里。

望着绿野环抱中的古村落，此刻它显得如此幽静闲适。也许，正是这种幽静，使它能历经战乱沧桑而幸存下来。

党家村村落选址十分讲究，依塬傍水，符合传统风水宅地的基本要求，也反映出村落聚集、地形隐居的防御意识。过去村民主要防御的是天灾人祸，如风沙、洪水、泥石流和战乱、土匪等。

在党家村的南边有条泌水河，从西往东流经3.5公里后注入黄河。水流沿川道一路冲刷下来，东西为谷，南北为黄土塬，呈西北高而东南低的态势，丰富的水资源决定了党家村农耕用水的便利。老村隐在河谷中，呈葫芦形，因之俗称"党圪崂"。

党家村村口有一个"党家村中日友好广场"，竖着一块"中日联合考察纪念碑"，它记录着党家村的辉煌，也记录着一段有关党家村凄美缠绵的故事。

1987年和1989年，西安建筑科技大学和日本九州大学联合考察团两度在党家村考察。考察活动的成果轰动了两国学界，为党家村赢得了国际影响力。

令人遗憾的是，在1989年5月第二次中日联合考察结束之际，日本九州大学教授本田昭四先生不幸客逝于韩城。为了纪念这次考察活动，由日本友人本田昭四先生好友捐资，西安冶金学院设计，党家村村民参与施工，于1992年5月建成纪念碑。纪念

↓ 党家村中日友好广场

碑由碑文、磨盘、井台、上马石等组成，广场中央的砖墙上刻有
"民居瑰宝"四个字，中间平台上为磨盘，磨盘前方为三层石
阶，左右两边分别矗立着上马石作拱卫，苍松下另有六个上马
石，代表党家村六百多年的历史。党家村占尽天时、地利、人
和，村民六百多年来共饮一口井，共种一块田，和谐相处，才有
了今天辉煌的历史。

党家村之美

一个小小的村子，凭什么被确定为国家ＡＡＡＡ级旅游景点，让国内外游客纷至沓来？

如果站在村头的高坡上，就能一睹党家村的绝世容颜。

这里有令世人震惊的完整古村落四合院建筑群。一座座青砖灰瓦的四合院连接成片，屋宇纵横，高阁耸立，古色古香。

望族党家由村和寨（堡）两部分组成。村是指位于村落西南河谷中的老村；寨是指位于东北角高地的泌阳堡，泌阳堡是老村建成之后为躲避匪乱而自建的防御性建筑。老村清一色青砖灰瓦，美妙绝伦；古寨高墙森然耸立，雄伟壮美。

↑ 党家村石雕

中央电视台曾经播出有关党家村的专题电视节目，主持人杨澜曾经让观众猜测过党家村里隐藏的小秘密。仅仅是四合院墙上一个雕花精美的拴马环，都能让游客和观众如痴如醉。

党家村之雅

走进党家村古老的石砌巷道，布局合理的四合院、千姿百态的高大门楼、精美儒雅的壁刻家训，抑或那庄严的祠堂、挺拔的文星阁、肃穆的节孝碑等，无不向人们诉说着党家村往日的辉煌与超凡脱俗。

这个小小的中国北方古村落，不是南方常见的小桥流水人家，也不同于闻名遐迩的山西平遥古城。这里的四合院，不像北

↓ 四合院内景

京四合院多为官宦府邸，也不像山西四合院多为商贾宅院。这里的四合院古民居建筑群，不是某个大财东的私人庄园，也不是某个达官富贾的豪宅大院。这里不是某县某村中零星的一隅、一巷或几院建筑，更不是人去屋空、专供人瞻仰的名人故居，而是一片村寨，一座连缀成村的院落博览园。

这里只是中国农村数不胜数的村庄之一，是全体村民自己世世代代的家，但它却题匾雕花，格调高雅，文化气息浓郁。

↑ 党家村石雕

党家村之厚

从中国地图上可以发现，党家村所在的韩城市，有黄河为其天险，处于秦、晋、豫三省交界地带，农耕文明和游牧文明曾在此交汇、碰撞。它既有黄河为其屏障，也有流寇匪祸在此作乱，独特的社会环境因而也成就了党家村。

这个举世罕见的四合院古民居建筑群，见证了党家村由元朝时党恕轩一个人发展到后来二十几代人的奋斗史，它是中国关中老百姓辛苦创业守业、务农行商、重文尚武、耕读传家、奋斗不息的缩影，是真实可触摸的古老物质家园和文化精神家园，是弥足珍

↑ 北坡一景

↑ 党家祠堂院内

贵的人类历史文化遗产。

　　党家村四合院古民居建筑群是韩城市旅游的名片之一，由于深厚的文化积淀，这里早已超越韩城，超越陕西，超越国界，超越历史，成为东方古老民居的典型代表和活化石。

党家村之神

　　党家村的神奇还在于有一个神秘的传说——当地村民传说村上文星阁顶端藏有神秘的"避尘珠"，由此村落里不染尘埃。

　　走进党家村，你会发现村子位于狭长的沟谷之中，地形复杂，凹凸多变。有利的地形可缓解冬季西北季风的侵袭，又能保证夏天的凉风顺沟谷吹过，使党家村成为冬暖夏凉的宝地。

　　党家村的地质很有特色，北塬上的土壤由第三系红黏土和老黄土构成，土质黏性大，流水和风力很难将尘土吹扬，从而保证了古民居屋顶的"一尘不染"；同时北塬上稳定的地质结构决定了边坡的稳定性，很少发生滑坡、坍塌等自然灾害。村落南侧隔泌水河相望的地质由黏性较大的白黏土构成，它们可以很好地吸附村落的尘埃，使得党家村整体空气得到净化，从而保证古村落的干净整洁。

　　党家村南北两侧的高塬高出村落地面30—40米，有利的地形使其免受冬季西北风的肆虐。加之村北高崖塬台高出村落地面35米，且西南高而东北低，无论雨水多大，塬上的积水总会自然流入东北方向，从泌水河排出，故近700年来从无水患之忧。

2001年6月25日，经国务院批文，党家村古建筑群被列入第五批全国重点文物保护单位名单；

2003年10月8日，建设部（现住房和城乡建设部）和国家文物局发文，党家村被列入第一批中国历史文化名村名单；

2008年3月28日，党家村被国家文物局列入中国世界文化遗产预备名单；

2013年，党家村被列入全国六大重点保护利用古村落（陕西乃至西北地区唯此一家）；

2016年12月9日，党家村被评定为国家ＡＡＡＡ级旅游景区；

↑ 随处可见的石雕

↑ 节孝碑

2019年7月28日，党家村入选首批全国乡村旅游重点村名单。

作为世界民居建筑史上一颗光彩夺目的明珠和人居文明史上愈加珍贵的文化遗存，黄土高原上的党家村古民居建筑群落，正以其独特的民居建筑特色和精神风貌，吸引世界了解党家村，也让党家村走向世界！

中国民间
文化遗产
抢救工程
THE PROJECT TO CHINESE
FOLK CULTURAL HERITAGES
SOS

　　党家村被誉为"东方人类古代传统居住村寨的活化石"，现存的123处古民居四合院堪称我国北方经典传统民居四合院的典范。走过近700年历史，党家村有过怎样的辉煌记忆？它如何演变为中国历史文化名村、国家重点文物保护单位、国家ＡＡＡＡ级旅游景区？那古老的石砌巷道、高大华美的古门楼、庄严神秘的祠堂、挺拔的四大标志性建筑，向人们传递着怎样的风韵？"避尘珠""五脊六兽""四檐八滴水"又隐藏着党家村四合院什么样的秘密？

↓ 远眺党家村

第一章

东方村寨
活化石

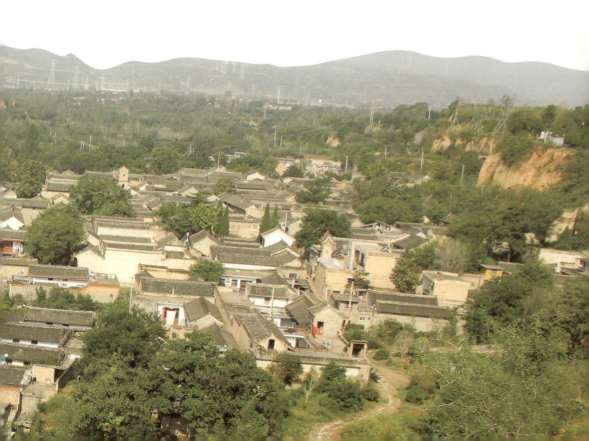

古雅鲜活的东方村寨

党家村又名党家大院，是由我国北方经典传统民居四合院组成的古村寨。

党家村主要有党、贾两大家族，故也称党贾村，从元朝时期的1331年建村，距今已有近700年历史。

党家村现建制属行政村，下设5个村民小组。截至2021年6月，全村有414户人家，1600余人。在河谷古村落旅游景区中常年居住的村民户数占全村的1/3左右，另外2/3人家已经陆续搬离老村，在附近塬上建新村居住。

党家村民居是陕西韩城民居的典型代表。韩城在清乾隆年间曾经被称为陕西的"小北京"，党家村当时因农商并重、经济发达又

↓ 党家村村口

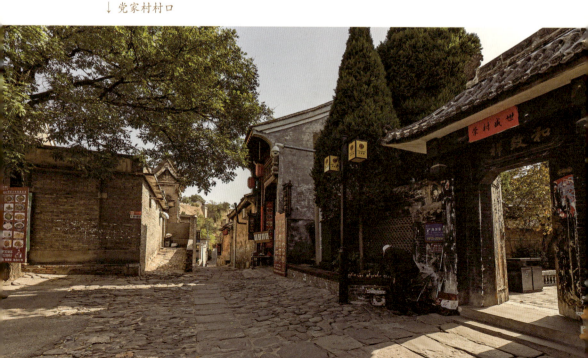

被称为"小韩城"，足见党家村当年之盛。

走进党家村，古老的石砌巷道，高大多样的古门楼，北方经典的四合院，庄严的祠堂，以及党家村四大标志性建筑——挺拔的文星阁、肃穆的节孝碑、传奇的看家楼、神秘的泌阳堡，无不向人们诉说着党家村往日的兴盛与辉煌。

那些精美奇巧的门楣、木雕、砖雕、石雕艺术与壁刻家训使人们在欣赏赞叹之余，又受到中国儒家传统人文思想的教益，真实地感知、感受到为人处世的哲理。

高大的村堡城墙、哨门等攻防兼备的古代防御体系，是党家村留存至今的一个重要原因，也体现出在战乱年代党家村富裕人家的自保心态。

党家村选址合理，房屋建造符合传统阴阳八卦之说，建筑木雕、石雕、砖雕三雕俱全，集古代中国民居建筑艺术、民间文化之

↓ 青砖灰瓦

↑ 俯瞰党家村

大成，历史文化底蕴丰厚，有很高的研究鉴赏价值。

英国皇家建筑学会查理教授曾说过："东方建筑文化在中国，中国民居建筑文化在韩城。"而有着"小韩城"之称的党家村就是其中的代表。

日本建筑学会农村计划委员会委员长青木正夫撰文写道："我曾到过欧、亚、美、非四大洲十多个国家，从来没有见过布局如此紧凑、做工如此精细、风貌如此古朴典雅、文化气息如此浓厚、历史悠久的保存完好的古代传统民居村寨。党家村是东方人类古代传统居住村寨的活化石。"

↓ 党家村新建牌坊

活化石话古今

党家村历史沿革大致可分为以下四个时期。

↑ 北坡古窑洞

初创时期

元文宗至顺二年（1331），党姓始祖党恕轩由陕西省朝邑县营田庄（今渭南市大荔县范家乡营西村）迁至此地定居。此地原名东阳湾。党恕轩后娶邻村樊姓女为妻，育有四子。

元顺帝至正二十四年（1364），东阳湾改名"党家湾"。

↓ 党家村中日友好广场"民居瑰宝"照壁

↑ 党家祠堂门口的石狮

　　元末明初，贾姓始祖贾伯通由山西洪洞迁居韩城，定居于邻村贾村。明弘治八年（1495），贾伯通的第五世贾琏娶党姓第六世女子，生子贾璋。明嘉靖四年（1525），贾璋以甥舅之亲移居落户党家村。从此党、贾合族而居，务农经商，兴家立业。清康熙四十二年（1703）之前，开始使用党贾村村名，后逐渐演变为党家村。

　　明嘉靖十八年（1539）至三十四年（1555），党氏长门九世党孟辀多行善事，人称"党义翁"，其事迹载入韩城县志。

↓ 古村落民宅石阶

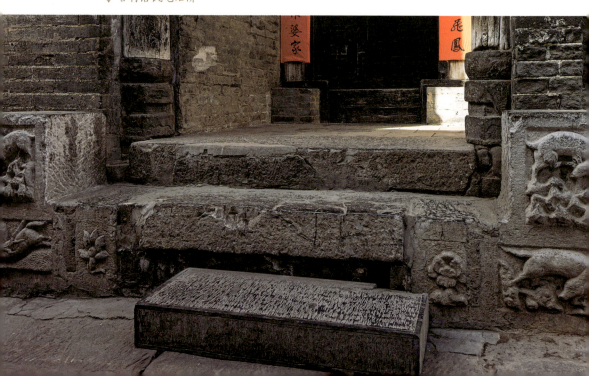

鼎盛时期

清朝前期，党家村党、贾两族分几处在豫鄂交界的唐、白河流域经商。由于抓住时机，经营得法，都取得了成功。

清顺治十一年（1654），党家二门十一世党德佩在河南南阳瓦店镇经商创立"恒兴桂"号发家。

清雍正十年（1732），党家二门十四世党金盈、党金柱联合贾家十四世贾正伦、贾敦伦、贾绪伦修建石铺村西坡，村人受益达230余年。

清乾隆四十二年（1777），贾翼堂聘党家三门十四世党玉书，共同经营"合兴发"号，生意取得极大成功。

嘉庆、道光、咸丰三朝是党家村的黄金时代，据传从外地往党家村运送银两的镖驮络绎于道，"日进白银万两"。党家村进入了

↓ 四合院天井

一个持续百年的四合院修建高潮期。古村中的祠堂、庙宇、文星阁等公共配套建筑也在这一时期修建。

作为富甲一方的村子，为抵御匪患，清咸丰三年（1853），党家二门十六世党遵圣、三门十五世党之学倡议党家村集资在村东北高地建上寨泌阳堡，并于咸丰六年（1856）建成。具有防御功能的上寨泌阳堡与老村相通，使村寨连为一体，形成上寨下村的建筑格局。同期还修筑了泌阳堡中的26座四合院。

清咸丰七年（1857），党天佑倡导村民开辟东坡，铺石块、建哨门，同年竣工。

清光绪三十四年（1908），党家村文星阁重建竣工。工程主要由党家三门十六世生员党渐主持，他也捐银最多。

党家村寨中的四合院是经世世代代党家村人务农经商积攒财富逐步修建起来的。直接原因是党、贾两家在外合伙经商多年，成为

↓ 泌阳堡

地方巨商，富冠韩塬。他们把银子运回后储存在三个分银院统一管理，定期按股分红。因为有了雄厚的经济基础，才可以大兴土木。

史料记载，明清期间，党家村先后有过三次大规模建设高潮：第一次是在明正统元年至天顺八年（1436—1464），建新房14院；第二次是在明崇祯元年至清康熙四十一年（1628—1702），建新房25院；第三次是在清乾隆元年至咸丰十一年（1736—1861），建新房69院。这三次建房高潮横跨明清两朝近430年。现今保存完好的四合院有123座。

《韩城县志》中曾用"南敦稼穑，北尚服贾""南胡北党、东丁西杨"的语句描述当时的党家村擅长经商、富甲一方，可见党家村当年盛景。

衰败时期

清末民国初年，随着社会剧烈动荡，战火纷飞，加之铁路修通之后断了党家村人依靠河运做生意的财路，党贾两族生意一落千丈。同时，由于党家村后人普遍依仗祖辈房产家财养尊处优，在那个年代几乎家家吸食鸦片。还有不少子弟沉湎于酒色财气，吃喝嫖赌，游手好闲，很快败光家产。内忧外患，天灾人祸，使党家村不可避免地走向衰落。

民国七年（1918）、十七年（1928），党家村两次遭遇匪患，军匪秦保善、土匪梁占奎前后两次

↑ 党家村古民居一角

洗劫党家村，杀人劫财，使党家村遭受重大损失。

民国十八年（1929），大旱灾年，韩城为灾区，党家村许多家庭落破，村寨进一步衰败。

1937年全面抗战开始，党家村提供人力、财力、畜力，还从村里拆了哨门板等物资支援前线。全村前后60余人参军奔赴前线抗战，捐躯殉国9人，失踪7人。

在战火纷飞的年代，党家村由于各种原因未能获得发展，它一改往日的繁荣景象，被历史遗忘在角落。

再创辉煌

20世纪80年代国内旅游业兴起，党家村随之受到重视，自身情况也渐渐好转起来。让人庆幸的是，在改革开放带来的农村建房

↓ 党家村"民居瑰宝"石碑

高潮中，党家村采取了保留古村古貌、另辟新村的正确做法。

1987年和1989年，西安建筑科技大学和日本九州大学的学者联合组团分两次对党家村进行了深入细致的考察研究，主要研究村落的布局形式、建筑艺术风格等。当时参加者有50余人。

1992年，参与中日联合考察的日本著名建筑学家青木正夫主编的《党家村——中国北方传统的农村集落》一书在日本出版，党家村引起国内外学术界的高度重视。

1999年10月，参与中日联合考察的西安建筑科技大学学者周若祁、张光主编的《韩城村寨与党家村民居》一书出版。党家村一时成为很多建筑学家研究的对象。而后，国内众多报刊、影视传媒相继对党家村作了专题报导，党家村名气日盛，且为世界瞩目，成为享誉中外的旅游景点。

2000年以后，党家村进入辉煌时期。

党家村珍视其丰厚的历史文化资源，并投入了大量精力保护当地的重要文物和自然景观，不断对古建筑进行修复，对村容村貌进行整治，保留传统建筑风貌的同时，提高了当地居民的生活质量。

↑ 来自各地的游客

此外，党家村发扬传统文化的优势，锐意进取，积极发展第三产业，以旅游带动当地经济的发展，更以旅游促使更多人了解、亲近传统村落，发挥在文化传承和古村落保护方面的重要示范作用。

古色古香古村寨

走进党家村，才发现这个古村落由20多条巷道纵横贯穿，路面全部用青石板和河卵石铺就，道旁都是四合院古建筑，古色古香，清净雅致，别具一格。

经历元朝初创，明清扩建，党家村形成由四合院、哨门、祠堂、私塾、水井、涝池等组成的庞大的古建筑群。整个建筑群融文化、民俗、信仰为一体，正好符合传统风水"负阴而抱阳"的村落建筑要求。

除四合院外，党家村至今保存完好的公共配套建筑还有党家祠堂、贾家祠堂、节孝碑、哨门、庙宇、看家楼、古戏楼、惜字炉、文星阁、泌阳堡等古建筑。

这些保留下来的四合院和公用设施，不仅布局集中紧凑，排列整齐壮观，而且设计各具匠心，用料相当考究，做工精良细腻，风格古朴典雅，文化内涵丰富，具有极高的历史文化与艺术价值。

走进党家村，很容易发现比较高大的四处古建筑：村口玲珑肃穆的节孝碑，村中高大的看家楼，村东南突兀挺拔的文星阁和村东北寨墙高垒的泌阳堡。除了这四座高大古建筑，其他都是砖木结构的平房，组成一座连一座的四合院。

党家村狭长形的四合院与北京正方形的四合院有所不同。几乎每座四合院都有一个高大气派的门楼，门楼镶嵌着"登科"之类的吉祥文字，在门楼上中下部位和照壁、墙面上装饰有木雕、砖雕、石雕之类的艺术品，或者雕刻着家训、格言、警句，图案形象生

党家村四合院木门

动，文字意义深远，文化艺术气息扑面而来。

　　党家村虽然只是一个古村落，却有古城的风范。这些青砖灰瓦民间四合院，颇有宫殿和庙宇的气象。早年有人说，党家村人都住在"爷爷庙"里。这是因为党家村内有高阁、祠堂、私塾、节孝碑、看家楼、暗道、哨门、庙宇、涝池、水井、火药库等公共建筑，还有上寨泌阳堡这样为防御匪乱而建造的避难场所。这些公共建筑设施具备避难防御、放哨站岗、求神祭拜、日常生活等不同功能，不仅具有外在的实用功能，同时也是历史文化的载体，成为党家村在历史进程中遗留的宝贵资源。

　　党家村民居与山西的乔家大院、王家大院、常家大院等家族

↓ 上寨泌阳堡外景

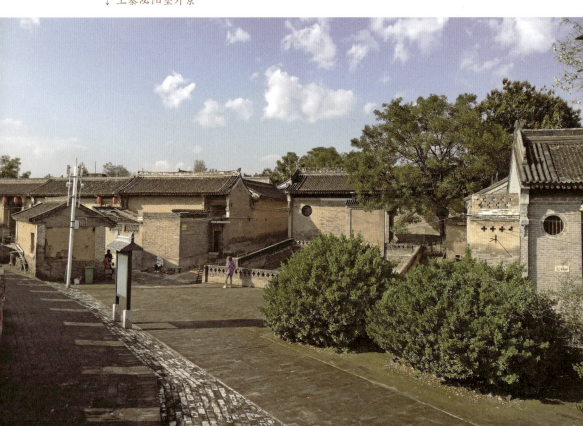

式大院有着显著不同：党家村是典型的黄河流域农耕文明及共同富裕的代表，村中并没有哪一家拥有气势恢宏的院落，官、商、农各家族的院落基本一致，规划整齐，这里的人家强调的是殷实小康；而后者作为晋商建筑遗产的代表，在院落的布局设计上，将封建社会的等级制度体现得淋漓尽致，讲究等级分明、尊卑有序。

党家村院落面积除"老院"等少数几个因当时聚族而居的需要面积较大之外，一般都不大。为了节约地基，村中小巷的宽度一般不足两米；相邻两院厢房后坡檐水的水道仅有一尺来宽；有的甚至把两院厢房背墙筑得挨在一起，或共享一墙。中日联合考查团的专家学者们曾经将这小而密的布局特点誉为"紧凑"。

后因防卫和居住的双重需要，于清朝咸丰初年在村子东北方半岛形高崖上修筑了上寨泌阳堡，与村一坡相通，村寨紧密相连，浑然一体。村寨合一的格局，以及寨中院落的规划，无不体现出"紧凑"的特点。

党家村经历了近700年的战乱风雨，沧桑变化，至今仍基本保存完好，"瓦屋千宇，不染尘埃"，这很大程度上得归功于上寨下村的建筑格局。一座座四合院，青堂优雅；砖雕木刻，超凡脱俗；石铺坡巷，雨无泥泞；楼阁塔堡，相映成辉，让人对中国民间高超的建筑艺术赞叹不已。村落中分银行义、耕读传家的优良传统，更给人留下深刻印象。

北方经典四合院

党家村是陕西省保存最完整的古村落，四合院按其保存完好程度分为三个等级：一级26座，二级42座，三级55座，是韩城乃至中国北方传统古村落四合院罕见的典范。党家村村落布局独一无二，巷道的空间组织非同寻常，宅院格局不同于北京四合院的方方正正，也有别于陕西关中民居的"房子半边盖"（单坡屋面）的建筑形式，极具特色。

四合院，又称四合房，是中国的一种传统合院式建筑，其格局为一个院子四面建有房屋，或者是三合院前面又加门房来封闭，从四面将庭院合围在中间，故名四合院。

从院落布局来看，呈"口"字形的称为一进院落；呈"日"字形的称为二进院落；呈"目"字形的称为三进院落。一般而言，大宅院中，第一进为门屋，第二进是厅堂，第三进或后进为私室或闺房，是妇女或眷属的活动空间，一般人不得随意进入。古诗云"庭院深深深几许"，庭院越深，越不得窥其堂奥。

我国四合院至少有3000多年的历史，各地有多种类型，其中以北京四合院

↑ 四合院天井

为典型。四合院通常为大家庭所居住，提供了对外界比较隐密的庭院空间，其建筑和格局体现了中国传统的尊卑等级思想以及阴阳五行学说。

在现代，随着家庭结构和社会观念的变迁，传统四合院的宜居性受到了挑战。而在城市规划过程中，传统四合院也面临着保护和发展的矛盾，一些四合院被列为文物保护单位，同时也有一些被拆除。

党家村四合院都是民宅，不是北京那种官府四合院和达官显贵们的二进、三进四合院，一般都是呈"口"字形的一进院落，由厅房、左右厢房和门房围成。虽也有带后院、偏院的，但数量很少。党家村宅院多为南北纵深、东西狭窄的长方形格局形式，上首的厅房和下首

↑ 党家村四合院

门房都将地基的横向基本占尽，两侧厢房嵌在二者之间，围在中间的院落比较狭窄，一般是长22米、宽11米左右，有三分院子四分场的说法，平均每个宅院约占三分地。个别院子是正方形的，俗称"一颗印"。整体村落显得精巧、紧凑。

党家村现存的四合院多为砖木制结构，由于房梁较高，其内部空间较大，为充分利用其价值，有些房子上面还加了一层阁楼。部分民居从门房、中房到最后的厅房，屋脊逐渐增高，党家村人将这类民居称为"连升三级"，反映了居住者的心理期望。

院门分墙门和走马门楼两类。墙门窄小朴素，一般开在门房

偏左或偏右的一间上，中门较少。这里有个"风水"问题，即中门
直，易"泄气"，偏门曲，可"聚气"。就实用讲，中门面对巷
道，路人可直窥堂奥，因此中门之内又设一道苫屏门，平时关闭，
人走左右，有重要宾客，才开苫屏门迎送。而北京四合院的门，总
开在门房右侧。走马门楼则多位于巷道两侧，气派壮观。

　　大门入口处都有照壁遮挡，原因是韩城民居讲究风水，大门不
能正对房屋。

　　院落的分配依据家庭身份等级的高低来划分，以上厅房为
"首"，左右厢房为"臂"，门房为"足"，平面图大致像人的形
状，住这种宅院，父母、妻子、儿女合合欢欢，全家幸福，俗称合
欢四合院。长辈住南北上房，晚辈住下房，按照长幼次序依次分配

↓ 党家村四合院（现为婚俗馆）

东西厢房。院内还设有书房、客房、生活用房等。民间有"东起西落人丁旺""门窗相对夫妻合"等说法。

上厅房建得高大宽敞，是祭祀祖先神灵牌位的地方，逢婚丧嫁娶，设席摆宴，发挥厅房设施宽敞的功能。

有的人家进门的门房为长辈居住的地方。长辈之所以住门房，一是方便照看门户，接待来宾，二是对子女的行为起规范监督作用。大户人家的管家房也在门房位置。

东西两边的厢房是儿女的居室，居住有序。有"兄东弟西"的讲究。哥哥住东边，弟弟住西边，东为上，兄长要起到表率作用。

东西厢房多分为上下两层，基本为上库下宿的建筑形式。楼上一般作为储藏粮食和杂物的仓库用，厢房住人的一层标准高度为八尺，用于储物的二层高度为七尺，上下都搭一个移动的木梯。有门房和厢房楼上相通的，就叫作转角楼。

整个住房按照风水八卦设计，进门东边的第一个房间作厨房，讲究东起西落，人丁兴旺。厕所建在西南角。两边厢房有高低之分，东边的比西边的高。俗话说"东高不算高，西高压弯腰"。

党家村民居四合院更为夺目的是门额题字，几乎家家都有，或木雕或砖刻，名家书写，书法刻工都十分讲究。

党家村民居雕刻艺术精彩纷呈，往往门楼木雕、照壁砖雕、门墩石雕，三雕齐

↑ 四合院砖雕

全，造型精美，令人目不暇接。

党家村建筑是由砖墙、瓦顶、木构共同筑建而成。其砖墙多选用经黄土烧制而成的青砖灰瓦，拥有古朴坚实的特点；木材多选择坚固耐用且不变形的材料来搭建房屋的框架、门窗、牌匾等，从而形成"墙倒房不倒"的结构；黏合砖砌缝隙的材料是糯米加石灰制成，这种天然的黏合剂非常结实坚固，可延长建筑的寿命。

四合院讲究厅房五脊六兽，四檐八滴水：厅房上有大小五道脊、六个兽头；门房和厅房的两侧都有一个筒槽（起保护厢房山墙的作用），下雨时，四个大房檐和四个小筒槽八处同时滴水。整个院子的滴水必须绕自家门前过，俗话说："门前流水，人丁兴旺。"厢房绝大多数是两坡水，为节约地基，相邻院落间为厢房后坡檐水留的水道仅一尺来宽，檐水落地后直接排入巷道，或者拐入自家院中。

进门房的内门道的墙上，一般筑有一个小神龛，用来供奉土地神。

院中青砖铺墁。四面房子的背墙和厅房、门房的山墙连在一起，构成院子的界墙。即使有人得到一块较大的房基地，也都是遵循这一格局，只是两院三院并排修建而已。

院落里房屋整齐简洁，厅房两侧山墙上刻着门庭家训。厢房外壁上一般都刻有家训格言，或是勉励读书的内容，或是关于品德修养方面的名言警句，无不表达了党家村人对修身治家生活理念的追求。

两侧厢房大都有两门两窗，或者更多。窗户上的方胜、艾叶图案，让人感觉有一股黄土文化的气息扑面而来。

四合院虽为民居建筑，却有着深厚的文化内涵，是中华传统文化的载体。四合院的营建所讲究的风水学说，实际就是中国古代的建筑环境学，是中国传统建筑理论的重要组成部分。四合院的装修、雕饰、彩绘也处处体现着民俗民风和传统文化，表现出人们对幸福、美好、富裕、吉祥的追求，如以蝙蝠、寿字组成的图案，寓意"福寿双全"；以花瓶内安插月季花的图案寓意"四季平安"；而嵌于门簪、门头上的吉辞祥语，附在抱柱上的楹联，以及悬挂在室内的书画佳作，更是集贤哲之古训，采古今之名句，或颂山川之美，或铭处世之学，或咏鸿鹄之志，有如一座中国传统文化的殿堂。

↑ 砖雕壁画

党家村四合院建筑，体现着中国传统建筑艺术、文学艺术、雕刻艺术、绘画艺术以及伦理道德和美学的融合，凝聚着一种潜在的乡村优秀传统文化力量，是劳动人民在建筑装饰上创造的文明成果。

党家村——国家AAAA级旅游景区

　　"元明清三朝建筑耀高堡，欧亚美百国专家赞古村"，党家村四合院古建筑村落延绵古今，名扬中外，受到国内外友人和游客的高度赞誉。在陕西省各级政府旅游管理部门的重视和指导下，在国内外和社会各界朋友的关心支持下，党家村人改革图强，引进专业旅游管理机构，精心组织市场开发，取得了显著的成绩，使党家村旅游业发展逐渐成熟，成为西安东线旅游的又一个热点。

　　2012年，根据陕西省主要领导讲话精神和韩城市委、市政府的总体安排，党家村工作组在党家村两委会的大力配合下，根据多数村民意见，确定了由景区管委会接管党家村景区管理建设的方

↓ "党家村古建筑群"文物保护石碑

案。2012年8月，韩城市景区管委会成立了党家村景区管理处，全面负责党家村的经营管理、开发建设，实现了景区管理体制的历史性突破，向景区的大开发、管理的标准化迈出了坚实的一步。

党家村景区管理处成立以来，累计投资1.5亿元，集中实施一批修缮景区建筑、提升景区基础设施、保护景区风貌、改进景区交通、扩大景区规模的惠民工程，形成了以旅促农、以旅富农、农旅互动的新发展模式，景区开发建设和旅游管理走上快车道。

2015年，党家村以创建国家ＡＡＡＡ级旅游景区，打造准ＡＡＡＡＡ级旅游景区为目标，将创建ＡＡＡＡ级旅游景区作为推进旅游标准化、提升旅游知名度、丰富旅游内涵的重要抓手，创新景区经营理念、整合旅游资源，加大景区经营管理服务，加强开发建设，促进景区提档升级。

↓ 接受传统文化教育的学生

经过多次建设和提升，在管理中始终坚持"因地制宜、政府主导、市场运作、全村参与"的原则，并结合社会主义新型农村社区建设，发展现代农业、服务业等，不断提高景区品质和旅游服务质量。如今的党家村，功能完善、规划整齐，消防、安保和卫生达标，已成为名副其实的中国古民居的"活化石"。

据统计，1995—2006年党家村接待游客近40万人次，平均每年只有三四万人次。但经过十多年的努力，随着景区旅游配套设施的不断完善、宣传力度的不断加大，景区的旅游人数逐年递增，旅游综合收入持续上涨，旅游业整体呈现出良好的发展态势。

2013年，党家村接待游客超过10万人次，达12万人次；2014年，接待游客约17.5万人次；2015年，接待游客约20.7万人次；2019年接待游客约30万人次。近几年来，党家村旅游人数持续增长，形势喜人。

走进党家村，在这古色古香的古老村落徜徉，品味古民居文化，鉴赏古建筑及雕刻艺术，欣赏历史遗留文物古迹，感悟传统家风家训文化，慢慢体会流年岁月和生活滋味，绝对是美的享受，一定不虚此行！

↓ "民居瑰宝"石碑

↑ 党家村新貌

↑ 党家村建筑布局示意图

中国民间
文化遗产
抢救工程
THE PROJECT TO CHINESE
FOLK CULTURAL HERITAGES
SOS

　　走过近700年沧桑岁月的党家村，有许多一眼看不穿的秘密。那几孔神秘的古窑洞、纵横贯通的巷道、集三雕于一体的门楼，还有古墙、拴马环、拴马桩、石狮、古井、夹墙，都是党家村古村寨的历史印记；翰林院里的"孝弟慈"、慈禧太后赐的"福"字、清廷给牛孺人立的节孝碑、百姓为抗匪勇士家修建的炮楼式看家楼，这一切都让党家村的历史文化栩栩如生。

↓党家村四合院古建筑内景

七百年沧桑
古村寨

北坡窑洞与七百年传奇

　　党家村古民居村落是国家评定的ＡＡＡＡ级旅游景区，近年来新建的游客接待中心位于村北高坡上的开阔平地。游客要进入党家村，需要在此停车购票。景区配备旅游电动车，将游客摆渡到坡下面河谷地带的老村落。

　　在下坡之前的观景平台上，可居高临下鸟瞰党家村全貌。原来村子南北两边都是崖状的黄土高坡，村南那条小河，当地人称泌水河，整个村子选址奇妙，隐藏在平原之下的河谷中，低洼避风，十分隐蔽。党家村又名"党圪崂"，村落形状如一只大葫芦，风水非常好。

↓ 恕轩窑洞

俯瞰党家村，是一片掩映于葱绿之中的灰色四合院，清一色的青砖灰瓦，古朴凝重，风貌典雅。村落内巷道交错，布局集中紧凑，院院相连，构成了大气恢弘且完整的村落建筑群。目前村民仍然在这古老的四合院村落中生活。

走进党家村，当地村民就会手指着北坡上的几孔古老土窑洞，讲起党家村近700年的传奇历史，让你去倾听遥远历史的回声。

元朝至顺二年（1331），党姓始祖党恕轩，只身一人从原籍陕西朝邑（今大荔县）逃荒落脚至此。他佣工拓荒，挖窑安

↑ 党家村村口

↓ 北坡古窑洞

↑ 党姓始祖党恕轩画像

家，繁衍生息。党恕轩娶邻村下甘谷樊姓女为妻，生有四个儿子。除四子君明赴甘肃河州屯田未归外，长子君显、次子君仁、三子君义均在当地生根繁衍，绵延至今，已传25世。

党家一开始租种村西北赔庙寺田谋生，后来又兼营商业，同时也特别重视对子孙的文化教育。党恕轩的长孙党真在明永乐十二年（1414）中了举人，便拟定了村落的规划。

这位有学问的党举人规划设计的党家村结构非常独特，兼顾风水之妙、居住之便、安全之思、建筑之秀和园林之趣，为今日气势壮观的党家村奠定了良好的基础。

元末明初，贾姓始祖贾伯通从祖籍山西洪洞县迁入陕西韩城，其第五代与党家通婚，生子贾璋。贾璋以党家外甥身份落户党家村，兴家立业。贾家奉贾伯通为始祖，子孙繁衍至今，已传24世。

党家村以党、贾两姓为主，党姓约占70%，贾姓约占20%，还有少量其他姓氏如王、张、孙、傅等姓居住，约为10%。有人说这其中包含当年大户人家的长工。从辈分说，贾姓第六世相当党姓第七世，相互兄弟相称，直到现在保持不乱。

党、贾两族联姻之后，务农经商，求取功名，联手发展壮大。随着人口增多，户大分支，仅党家就形成了三门数支近百户的规模。有晋商背景的贾家与党家合伙经商，先在本地，后到河南瓦店、社旗发展。党德佩于清顺治年间创立了"恒兴桂"号。贾翼堂于清乾隆年间创立了"合兴发"等大商号。生意兴隆，富冠韩塬。

党家村在明清两代经商富裕之后，有了雄厚的经济基础，就大兴土木，修建四合院。还先后修建了祠堂、庙宇、文星阁等公共建筑。咸丰年间，村中集资建成具有防御功能的上寨泌阳堡，并在上寨修筑了四合院。为了提高子孙后代的社会地位，党家村一直崇尚文化教育，陆续办起了私塾，有的祠堂也兼作学堂，不惜重金聘请名师，加强对子孙后代的教育。历史上党家村几乎有半数人家都取得过功名，由此获得了"文化村"的美誉。

↓ 党家村私塾景象还原

神奇古巷道

　　整个党家村被20多条巷道分隔，这些巷道纵横贯通，主次分明，曲折多变。地面用条石或鹅卵石铺满，古色古香，别具一格。党家村巷道空间组织大有讲究，充满了建筑艺术智慧，满足了多项功能需求。

　　进村后一条东西走向的巷道，按其方位称为"上巷"，因其最宽最大亦称为"大巷"。在其南北两侧各有几条南北走向、与其形成"丁"字形的分支巷道。

　　以东西走向的"上巷"为主线，以向南约60米的"下巷"为副线，村子被划分为南北落差较大的三级台地；再从两巷两侧各辟三五条与两巷呈"丁"字形、南北走向的小巷，又把各级台地分为

↓ 巷道

若干方位基本端正的四合院落。

党家村的巷道交叉口全是"丁"字形路口，没有一个是十字口。其原因与古代的建筑风水学有关。古代人讲究门不对门，门不对巷，巷不冲巷，为的是风水不外流。从风水上讲，大门为气口，巷口即水口，宅前不宜有大水直冲，故大门不对巷口。党家村巷不对巷，村落内有很多"死巷"，外人入村很难分辨路径，先辈们为村庄的安全防御可谓殚精竭虑。

党家村的大门都会避开巷口，从功能上可保证房屋居住者的私密性。即使是偏门、后门、小门对巷，也要在巷道对面的墙上，嵌一块"泰山石敢当"用来辟邪。民间传说石敢当是东岳泰山上的勇士，他血气方刚，十分勇猛，连鬼都十分怕他。所以民间相信用泰山石就能改变住宅风水、稳固江山、永保平安。

进村时经过的第一个巷口叫作当铺巷，因为这条巷里过去有家当铺而得名。村中与上巷基本平行的一个巷道叫"六行巷"，因其两侧共有六条南北走向的小巷道而得名。由此可见党家村巷道之复杂。

党家村过去在每个"丁"字形巷头路口都设有"防盗哨门"，村中总共建有哨门25座。巷口各有哨门额刻巷名，比如与党家祠堂斜对向南的"平福门"，西行50米左右向北的"汲福门"等。

不光巷口有哨门，村口更是都有哨

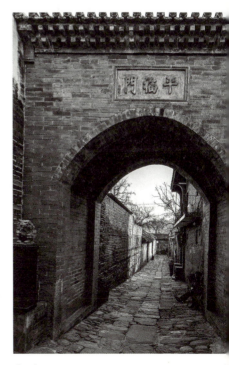

↑ 哨门

门，大巷东西村口、村南村北的村口都有。大巷西头很小一片地方，竟然建有三座哨门。

这些哨门有的是楼房，有的无楼，无楼的有的上面砌有女墙，方便巡视防守使用，比如贾家祠堂朝北村口的哨门。所有哨门都装有厚厚的硬木门扇。平时，入夜只关村口的哨门。冬天夜长，或者兵荒马乱年代，巷口的哨门也会一起关上。这样整个村子就封闭起来，形成了一个个人为的屏障，外边的人进不来，整个村子就像一座封闭森严的古堡，十分安全。

现在，这些"防盗哨门"都已经看不到了。抗战时期，硬木做成的厚厚的哨门门扇全部用于修建河防工程，为保卫黄河、保卫韩城做出了贡献。目前为了发展旅游，村子里恢复了四座哨门，但都没有门扇。

穿过哨门，走进宁静的巷道，不由地会被这一方天地吸引。党家村的巷道是由周边四合院宅院的厢房和门楼、门房、厅房的背墙围合形成的，宽度不等，多在1—3米，最宽达4米，最窄为1米，仅满足通行功能。这些古朴的巷道，在两旁一座座高大气派门楼和屋墙的映衬下，显得幽深静谧。行走在巷道里，举头一线天，低头一条线，仿佛置身于寂寥空旷的岁月长河之中。

实际上党家村还有一条巷道是用青砖铺的。民国年间，国民党

↑ 村落巷道

军队在村里住过，石头路面军马难走，就用砖铺了这条巷道。因数十年风雨侵蚀，原砖块破烂不堪，所以近年依原样重铺了。

党家村建村之初就考虑到集水导流功能，路面大多是中间低，两边高，将巷道的横断面设计成"V"字形。也就是巷道中间地势低，采用利于水流的大且平滑的鹅卵石进行铺装。两侧地势高，选用摩擦力较大的小且粗糙的鹅卵石铺装，下雨时中间可以排水，两边走人，水流从道路中间顺势流淌，方便加快排水，同时也可以保护墙基不受水浸，这是非常经济的排水系统设计。

学者观察发现，党家村采用了暗管、明沟和自然排水相结合的特定排水体系，基本分为两种模式。一是当巷道两侧有人居住时，在该户入门的两侧设有鹅卵石砌筑的明沟，院内的雨水先汇集于集水口，然后通过暗管排至门口的明沟中，最终流入泌水河中。 二

↓ 利于排水的石铺巷道

是当巷道两侧没有人居住时，采用自然排水。为节约地基，相邻厢房的集水道仅0.33米左右宽，院落中的雨水和生活污水通过水道从墙上的泄水孔排到巷道上，然后排到泌水河中。

党家村整个村子的地形西北高而东南低，下雨时，雨水顺着巷道路面排入泌水河，整个村子不积水、不淤泥，非常干净，几百年来从没有遭过水灾。

沿着党家村一条条古朴巷道，穿梭于一座座高大的四合院、祠堂中间，让人动容的不仅是高大气派的走马门楼四合院，还有沿巷可见的古墙、墙上的拴马环、石雕拴马桩、石狮、古井，还有隐藏着秘密的夹墙。这些都是党家村古村落的历史印记。

村中留下了一面斑斑驳驳的元代古墙，墙面砖块表面已经风化脱层，充满历史沧桑感。保存下来最古老的一座房子，据专家鉴定是元朝建筑。那所房子的砖特别大，中间的黏合层用白灰和糯米汁砌筑，因为它黏性大、坚固，所以能保存到现在。

在进村路口处有一口建于清咸丰六年（1856）的古井，井深58米。打水的绳索两头各系一个桶，两个水桶一上一下交替打水，这叫两头下索井。打水时需要两个

↑ 夹墙

↑ 元代古墙

人，一人转轱辘，一人搜索。这口井的水里含有多种适合人体需要的矿物质和微量元素，井水甘甜爽口。过去寨子里有两口这样的井，供村民及家畜饮用。

村中最古老的一口井的井碑只记载了重修时间，而无具体的开挖时间。据说这口井的历史比党家村还要久，当时是用于灌溉农田，建村后才成为村民的饮水井。它的深度有15米左右，井水清澈透明。

现在村子里的古井还有许多，不过古井基本都已停止使用了，因为党家村早就用上了自来水。

在党家村最宽的大巷里，能见到高大气派的走马门楼四合院门前耸立着的雕花拴马石桩，还有拴马环。

在一个南北巷子的墙上，有精致的金属压花拴马环，这是上过中央电视台的"明星"。1992年《正大综艺》栏目里有个"猜猜看"板块，曾在这里拍摄。当时主持人杨澜转动后面的铁板，让嘉宾猜它是干什么用的，有人说它是门铃，还有人说它是机关暗器等。其实，它只是拴马环后边的一个装饰品。这个拴马环和墙内的柱子是连接在一起的，这个铁板仅仅是起垫片的作用，美丽的图案也只是一个装饰。因为时间长了，砖被风化导致铁板松动才可以转动了。

在村内有一堵奇怪的墙，墙中间是凸出来的，原来这是一堵藏着秘密的夹层墙。在过去兵荒马乱年月，贵重的东西会被藏在夹层墙里面，隐蔽性好，不易被人发现。如果匪患突临，来不及撤走的老人、妇女、小孩也可藏身。

走过近700年沧桑岁月的党家村，有许多一眼看不穿的秘密。

拴马环

拴马环

拴马环

拴马环与石雕

拴马桩

拴马环与石雕

拴马桩

古井

古井

古井

古井

古井

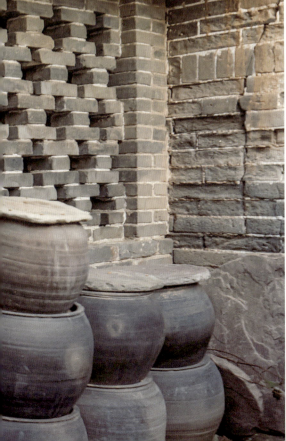

慈禧太后赐"福"党翰林

党家村大巷西头有一面"福"字照壁，砖雕"福"字立体感十足，寓意鲜明。仔细看这个砖雕福字，是由一只抬头鹤和一只低头鹤组成的，鹤代表长寿，有福有寿、福寿万年。抬头鹤那部分是衣字旁，低头鹤的上半部分写得像个多字，下半部分有个田字。这个福字寓意多衣多田，丰衣足食，人一生中向往的事情都包含了。来党家村的游客往往会摸一摸这个"福"字，沾点福气带回家。在这儿留个影，祈求福气伴一生。传说这个"福"字是党家村进士党蒙从京城带回的，是慈禧太后赐给他的。党蒙是党家村唯一一位进士，此后还做过云南知府等职。慈禧太后为什么要给党蒙写"福"字呢？

↑ 慈禧太后赐福字雕刻

传说党蒙中了进士之后，一直在翰林院任闲职。有一次，慈禧太后游宫时碰见了党蒙，便问他："你中进士几年了，怎么还在京城闲着呢？"党蒙如实相告，慈禧太后便钦点党蒙为刑部主事。有次慈禧太后跟党蒙下围棋时，党蒙给慈禧太后讲了故乡党家村父辈们世世代代艰难创业、建设家乡的故事。慈禧太后听了感动地说："这是你的福气呀！"感动之余，慈禧太后便提笔写下了这个"福"字赐给党蒙。

进入村中的大巷东头，第一个参观的就是党蒙党翰林家的院子。党翰林不仅光宗耀祖，而且为党家村人带回了慈禧太后写的"福"字，带来了福气，所以村里人就尊称此院为翰林院。

翰林院是一个砖砌内照壁一进三院的四合院。党家村的四合院，门外照壁随处可见，门内独砌照壁仅此一例。

党家村中的照壁除少数雕刻字画外，大多数为无字照壁。壁框内均为青色方砖，白灰砌缝，寓意做人要"清白方正"。

由于沧桑变化，一进三院的中院和西院已无昔日风采，唯东院保存完好。

翰林院门匾题"孝弟慈"。典出《论语·学而》篇。孝，即孝敬父母；弟，即友爱兄弟；慈，即关爱儿孙。这三个字规范了一个家庭内老、中、青各代人处理相互关系的准则，道出了建设和谐家庭的真谛。

苫屏门内匾题"诒谋燕翼"。典出《诗经·大雅》。诒，通贻、遗留；谋，计划；燕，安闲、从容；翼，覆盖。大意为：从容周详地制定治家方略，以造福子孙后代。

北厅门上有两组分别为"琴棋书画"

↑ 党翰林故居

↑ 党翰林故居

和"吉庆有余"的精美木雕图案，显示出书香门第的高雅情趣。院内设有藏书楼。

院门北侧建有专门的管家住屋。管家身司二职，一是负责门户安全，二是管理家庭生活事务。雇有管家，足以说明这个大家族的兴盛。

东西厢房是上、下两层结构。而南房则是三层建筑，底层为窑洞式，可供避暑藏物之用；二层为会客厅，供家中红白喜事宴客；三层为家庭戏楼，可演出木偶、皮影等小戏，供老人、妇女、儿童观赏。

院中展柜陈列着主人精心收藏的古钱币和古玩多件，其中"八仙瓷枕"尤为精致。

节孝碑

从北坡走进党家村左拐向东前行，很快就会看到一座高大的建筑——这是党家村的四大标志性建筑之节孝碑，是党家村内唯一由清廷拨款修建的建筑。

节孝碑和贞节牌坊一样都是封建社会为表彰妇女德行而建的，但它们又有区别：贞节牌坊是跨路建筑，下边行人可以穿过；节孝碑则建在道路的一侧，来往行人都可以看到。节孝碑属于纪念碑，纪念碑总是建在路边显眼的地方，和牌坊建于当道一样，为的是让世人瞻仰方便。党家村的节孝碑就位于村子东哨门外大路北侧，从党家村老村到上寨泌阳堡，来来往往的人总要从它面前经过。

节孝碑

　　这座节孝碑是清廷给党家村进京考生党伟烈之妻牛孺人立的，建于清朝光绪年间。孺人，是对妇女的雅称。当时村民党伟烈新婚不久就赴京赶考，却在客栈因病不幸去世。新婚妻子牛氏年仅16岁，她矢志守节在家，从此没有再嫁，为其夫守了一辈子节，而且孝顺长辈，侍候公婆数十年，与邻里和睦相处，直到68岁去世。地方上将她的节孝德行上报朝廷，光绪皇帝下圣旨给她立碑，以示表彰。

　　整个碑楼可以说集党家村砖雕之大成。碑顶全部为仿木砖雕制作，是党家村砖雕艺术的精品。经过透雕、圆雕，仿木雕的梅、鹤、鹿等，欲绽欲腾，美轮美奂。碑文上的图案精美，有隽美的花边。

　　碑脊为透雕，横脊中部耸有一尊圆雕，四面透风的两层小阁楼。檐下结构为仿木砖雕，层层叠起的斗拱擎着檩条，檩上架着方椽。斗拱下面是横额"巾帼芳型"，称赞牛孺人是妇女的榜样。额框由游龙、麒麟、香炉等图案的透雕组成。额下雕刻尤为精美，总体呈栏杆形状，每两个立柱间为一画面，共四幅。从东到西，第一幅雕着"喜鹊梅花"，取喜上眉梢之意；第二幅"鹤立溪水"，取鹤寿千年之意；第三幅为"奔鹿图"，意即求取俸禄；第四幅"鸭戏莲蓬"，莲蓬中生有很多莲子，此图寄寓后世人丁兴盛。

　　节孝碑有基有楼，用青石做基座。位于青石基座上的高大碑楼，墙面十分平整，清水砖墙上下一条缝，墙砖比别处的要小，村中老辈人传说这是用锯截齐打磨平光后砌上去的。楼顶悬山两面坡式，檐上筒瓦包沟、五脊六兽。碑文是"旌表敕赠征仕郎党伟烈之妻牛孺人节孝碑"，旌是表彰，敕是皇帝的命令；征仕郎是给党伟烈追赠的从七品官位。

碑文两侧有一副对联，上联是"矢志靡他，克谐以孝"，下联是"纶音伊迩，载锡其光"。矢志是发誓的意思；靡他是没有别的；克谐为能够的意思；纶音即皇帝的旨意；伊迩表示很近；载锡是"则赐"二字的通假字，意为于是就赐给。总的意思是说：牛孺人早年丧夫，发誓守节，而且能够和谐处理好婆媳和邻里关系，孝敬老人，于是皇帝赐给她无上的光荣，她的美德将被载入史册，流芳百世。

两边墙上的对联与横额一样，是阳文砖雕。碑的两旁对联上方各砌有一个手捧"寿"字的砖雕老人深浮雕，据说左边凸睛翘须神情凶猛的叫徐延昭，右边慈眉善目富态端庄的是杨侍郎，皆旧戏《忠保国·二进宫》中人物，都做过女主的保驾。一个是福星，一个是禄星，福星代表福气，禄星代表财气。对联虎口上衔，莲花下托。

三龙捧旨图案中嵌着"皇清"二字。根据清朝规则，立节孝碑有着严格的规定，要先上报朝廷，礼部部议后再经皇帝批准才可建造，这在封建社会被看作莫大的荣耀。

此节孝碑虽然建得华美绝伦，但牛孺人的故事却令人心酸，这也折射出封建社会妇女社会地位的低下。

这么富丽堂皇的碑楼，碑主却只称为"牛孺人"，有姓无名。封建伦理"夫在从夫"，尚有夫妻之情庇护；夫死守寡，其地位更会等而下之。不难推测当年这位"牛孺人"的幽怨和心酸。庆幸这样歧视妇女的时代早已一去不复返了。

据记载，党家村也有过两座石质贞节牌坊，一在东坡顶，倒塌较早；一在西坡底，20世纪50年代被拆除。

铺街对联的虎头雕

节孝碑碑顶

"巾帼芳型" 砖雕

精致的额下雕刻

节孝碑的碑文与对联

石碑上的"看家楼"

　　走进党家村景区大门内不远，沿途就会看见路北耸立着一块民国年间的石碑，这石碑原来在西庄镇法王庙院内，后来移到此处。这里记录着党家村一座重要建筑"看家楼"的故事。

　　党家村四大建筑之一的看家楼，建于民国七年（1918），至今已过百年。

　　环视党家村，房屋高高低低。其中引人注目的是位于村南的高阁和村中间的看家楼。位于一座四合院中的看家楼是砖砌的方形炮楼式建筑，高14.5米，登高可瞭望四周，用于全村安全警戒防御。

　　高耸的看家楼共四层，四面都开有窗户。当年每天都有人在

↓ 党家村村口的民国石碑

上面站岗放哨，一旦发现土匪，就迅速通知村民转移到坡上的泌阳堡寨子躲避。它忠实地起着看家护村的防卫作用，但它的产权却归这家四合院主人私人所有。为什么私人能拥有这个具有公共设施功能的看家楼呢？

原来，民国初年，以秦保善为首的军匪经常在韩城一带出没，时常来乡间，烧杀抢掠，无恶不作。这家主人党天成当时任韩城北区保卫团团长，相当于现在的民兵组织负责人。他带领保卫团保护家乡，多次和秦保善匪帮交战。土匪头子秦保善恼羞成怒，疯狂报复，率部进村，放火烧了党天成家的房子，抢劫了大户人家的金银财宝。但党天成大义凛然，不为所惧，联合西区保卫团，几经苦战，终于将秦保善赶出了韩城。

韩城二十八里（里相当于现在的乡镇）人民为了感谢他，集资在他家原址上盖了一座四合院，同时盖了这座看家楼，意在表彰他舍生忘死保卫党家村和韩城人民的英雄壮举。这座看家楼是韩城人民给党家村英雄党天成立的一座无字纪念碑。

↑ 民国石碑碑文

↑ 看家楼

看家楼

↑ 看家楼院门

↑ 看家楼外景

看家楼所在的四合院系韩城人民捐资所建，全部是一砖到顶，特别是上厅房的梁柱木石，最为壮观。柱石雕刻精细，图案各具情态，栩栩如生，堪称古建石雕之代表作。

相传这座房院的木石料是从韩城李村卫家买来的。李村卫家和解家村解家在明朝功名极盛，官居高品者甚多。韩城民谣有"朝半陕，陕半韩，韩半解、卫"之说。这个院子虽然建于民国初年，但它的木石构件却可能是明朝的。

在看家楼四合院上房大厅正中摆放着党家村全貌沙盘模型，村寨合一的格局和合理紧凑的布局一目了然。

大厅墙面上挂着党家村简史图片和文字解说，还有党天成和夫人的遗像及事迹简介。厅房两侧有一副砖雕家训对联，上联是"行事要谨慎，谦恭节俭择交友"，下联是"存心要公平，孝弟忠厚择邻居"，意思是说：做什么事都要小心谨慎，在家过日子要勤俭节约，对待朋友要谦虚而有礼貌，选择朋友要近君子而远小人，办事要公平合理，按孝敬老人、友爱兄弟的标准选择忠实厚道的人家做邻居。

↑ 看家楼院内

党家村最震撼人心的是青砖灰瓦的民居四合院。这里神秘的党家祠堂、贾家祠堂凝固了家族兴盛和宗族昌盛的密码；这里留存的两座分银院见证了当年日进斗金的黄金时代；这里的石雕、砖雕、木雕，含义深邃，构图华美，是建筑雕刻艺术的荟萃之地，也传承着党家村生生不息的家训文化；这里的"诗礼第""一颗印""光裕第""耕读第"等一座座四合院，都内藏乾坤，留下了史上经济发展、南北文化交流和古今传承的实证！

↓ 党家村四合院厢房近景

第三章

南北交融的古民居

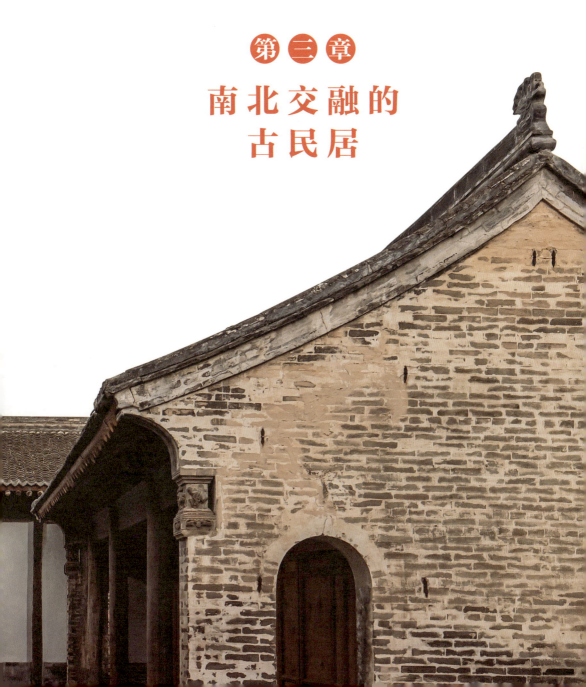

党家祠堂与贾家祠堂

　　党家村的党家祠堂是凝聚党姓族人的精神家园，位于大巷中段偏东位置，也是一座四合院，院落坐北朝南。

　　党家村之所以能有辉煌的过去，究其原因，以商为主、以农为辅的特有生产结构和由宗法制度所巩固、强化的血缘关系以及儒家理学的传统思想，是党家村能够长期繁荣昌盛的关键。而其中宗祠和族谱均是宗族组织的物质体现和精神纽带，是约束族人的重要工具和手段。党家村历代以中国传统文化为根基，修建初期就在党姓祖辈的运筹下，对村落的规划有长远的构想。整体风格选定为依形就势，随水而居；建筑设计古朴典雅，排列紧凑有序；用料选材考究，匠人做工务求细腻。这一切奠定了党家村今

↓党家祠堂大门

天"民居瑰宝"的价值。

祠堂是一个宗族祭拜祖先的神圣之地，也是宗族群落的文化活动中心。党家祠堂建于清康熙三十八年（1699）。古代男孩16岁以上才有资格来祠堂祭祖，女人是不能进入祠堂的，只能在家里准备祭祖用的供品。男人60岁"破老"后，才有资格参与宗族的议事及竞选族长等族内大事。因而一旦"破老"，便会受到族人和村人的格外敬重。

党家祠堂门前有一条古老的"长寿凳"，体现了党家村人敬老的优良传统。它是用一整棵槐木开成两半做成的，是普通长条凳的3—4倍长，木料表面沟壑纵横，千疮百孔，古拙沧桑。传说放置于祠堂门前已有二三百年历史。男性族人只有60岁"破老"之后，才有资格到这里来坐。老人们坐在长凳上谈古论今，谈笑风生，心情舒畅，故而长寿。年轻人是不敢坐的，从"长寿凳"旁经过都必须规规矩矩，以表示对老年人的敬重。

↑ 党家祠堂门前石狮子

↑ 党家祠堂门前长寿凳

党家祠堂门前正上方挂着一块牌匾，写着"钦点翰林"四个大字。这是光绪皇帝赐给进士党蒙的一块牌匾。这块牌匾挂在祠堂门前，一是为了光宗耀祖，二是为了勉励子孙后代向祖先学习、考取功名。

祠堂门前立着两根叫旗杆斗子的带斗圆柱，是有功名人家的一种荣耀和标志。斗子外围的图案像中国古代的钱币，内方外圆，寓意做人做事对内要严于律己，对外要圆通宽容；斗子是方的，警示后代要方方正正做人。

进入祠堂，可以醒目地看到北厅木柱上悬挂着一副木刻对联："由朝邑迁韩邑，五百载人文蔚起；自元代迄清代，二十世俎豆常新。"这是党蒙钦点翰林后回乡祭祖，循例在为祖祠立旗杆、挂匾的同时撰写的。对联内容质朴无华，极为扼要地概括了党家村党氏家族的源流、世系和发展盛况。联中的"俎豆"，代指祭祖时的祭品。

祠堂北厅叫寝宫，是供奉祖先牌位的地方，也是合族议事的场所。中间最高的牌位是党姓始祖党恕轩的牌位。党恕轩有四个儿子，除四子在甘肃河州落户外，其他三个儿子分别称为长门、二门、三门，这里有他们三人的合门牌位，在分门分支祠堂也有他们各自的牌位。前边是一些祭祖用的香炉、烛具。厅中的桌凳供合族议事时使用。墙上有十余幅图文并茂的方框图片，简要介绍了党族自落户至今的发展史，诠释了人文蔚起、英才辈出的盛况。

党家村原有党、贾两姓共11座祠堂。祠堂建筑形式大体类似四合院。祠堂都有经济收入，主要是本祠堂的土地租金收入，同时，还可以得到不少捐款，比如党蒙考中进士被选为翰林后，回乡祭祖时给党氏祖祠捐银500两作为祭祖基金。

村内还有拆后修复过显得空旷的党族三门祠堂。在北坡泌阳堡还有一座连二祠堂。那里以前是兄弟俩的祖先祠堂，后来两兄弟一来二往，经常走动，感情越来越好，于是打通了隔墙，故称其为连二祠堂。

过去的祠堂不只是供奉祖先牌位，它还是一个家族的活动中心，可以办学校、办私塾。在连二祠堂里还模拟了一个古时候的私塾场景。

作为关中平原农耕文明传承的典型村落，党家村在建村以来近700年的过程中，始终遵照中国"耕读传家"的传统文化习俗，既保持了传统的农耕生产技艺、生活方式，又传承了农耕文明的人生礼仪、民间信仰等文化基因。

特别是中国传统文化中的"仁义礼智信"精髓在党家村更是深入人心，被历代人所看重。其村落选址和巷道规划隐含着中国古代风水文化的聚气之说；四合院在数百年中无人可以扩大，彰显了家族平等的文化理念和共同富裕的现实；集中紧凑的村落布局寄托着让子孙后代紧密团结、和睦相处的殷切厚望；而那些随处可见的牌匾、门楣、门联、照壁和家训，如"诗书第""耕读第""孝弟慈""和致祥""志裕光前""心存裕后"等也多角度、全方位阐释了党家村人从古至今的追求和理念。

党家村现住居民大多数姓党，党姓是第一大姓，第二大姓是贾姓。除此之外，还有姓杜、傅、耿、郭、黄、李、梁、秦、王、余、张、郑、朱等十几个姓氏。党家村不光有党家祠堂，还有贾家祠堂。贾家祠堂在党家村大巷的西头，坐西朝东。

党家祠堂牌匾

党家祠堂厅房

党祖族祠

党家祠堂厅内祖宗牌位

党家祠堂院内

天下党姓一家

党家村三门祠堂外景

贾姓始祖贾伯通祖籍山西洪洞县，后因经商来到韩城，先栖居县城、贾村等处。第五世子孙贾琏娶党姓女为妻，生子贾璋。明朝嘉靖四年（1525），贾璋以甥舅之亲定居党家村。

党贾两族从此和睦相处，务农耕种，同去深山拓荒屯田，合伙经商，先后创立了"恒兴桂""合兴发"两大商号，成为当地商贾名流。

贾家祠堂院落没有坐北朝南，而是坐西朝东。一个原因是贾姓比党姓迟来党家村194年，党家祠堂是坐北朝南的，贾家是后来的外甥，因为按照传统伦理，外甥和舅舅是不能平起平坐的，所以祠堂是坐西朝东的。第二个原因还在于东边是贾家祖籍山西的方位，朝向祖籍的方向建祠堂应有慎祖追宗之意。

贾家虽迟来近二百年，但对于党家村的经济发展、四合院的建设，也起了很大的作用。贾家是晋商，晋商是中国古代最有名的商

↓ 贾家祠堂

 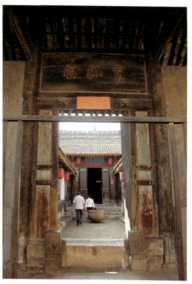 

↑ 贾家祠堂大门对联　　　　↑ 贾家祠堂正门　　　　↑ 贾家祠堂大门对联

帮，党贾联姻，在经商方面带动党家是自然的事情。

贾家祠堂大厅两边挂着一副对联："四百载守祖宗一脉真传，曰勤曰俭；廿三代教子孙两条正路，惟读惟耕。"谆谆告诫贾家子孙继承祖先勤俭持家、耕读传家的家风。

贾家祠堂大厅前面还挂着一副贺寿联，上联是"椿茂萱荣堂上屡承仙露润"，下联是"天长春永阶前咸舞彩衣新"。上联中的"椿"在古汉语中代喻父亲，"萱"代喻母亲，"仙露"传说得一滴可以长生不老，下联中的"彩衣"在过去指代小孩。这副对联总的意思是说：父母身体非常健康，慈祥地坐在高堂上，儿女们希望父母得到仙露的滋润，长生不老；父母的恩情像天长，像春天的阳光，儿孙们一个个蓝衫紫袍（蓝衫是秀才服装，紫袍是举人服装），为父母争来荣耀，给老人拜寿，显示了当时全家生活幸福美满，欢乐热闹的气氛。

祠堂大厅正中额书"追远之堂"，中间供奉着贾氏迁韩始祖贾伯通至第五世祖的牌位。北边单独的一个牌位，便是贾族第六世祖，第一个落户党家村的贾璋牌位。厅中的桌凳与党家祠堂一样，供合族议事时使用。墙上十余幅图文并茂的图片，简介了贾族自落户至今的发展史，诠释了人文蔚起、英才辈出的盛况。

厅房的厅门都是组合拼装起来的，过红白喜事宴请宾客的时候，就把门卸掉，以使厅堂宽敞明亮。正中最内侧的地方叫作寝宫，内放一张条几，供奉祖先牌位、画像，这两扇门平时不打开，只有在祭祖时才可以打开。

西边一间用屏门隔断，上书"枕善居"的屋子是书房。其内比较安静，是读书的好地方。屋顶全是用望砖铺成，隔热效果很好，

↓ 贾家祠堂厅堂额书"追远之堂"

夏天特别凉快；支撑檩条的托墩，不但木材上乘，而且雕刻精细，刻有莲花和牡丹等吉祥图案。屋内不落土，非常干净。

贾家祠堂厢房为书画展室，展出了当代村民在耕作之余的部分书画作品，还有贾平凹、易中天等中国当代文化名人游览党家村时的照片。

党贾两家联姻，以德育人，世代重视耕读传家。在贾家祠堂大厅，摆放了一套雕塑作品，内容就体现了长辈教育子孙的情景。祠堂院内还留下了一块训诫石，状如搓板，不禁让人想起惩罚不肖子孙跪搓

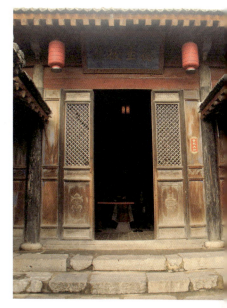

↑ 贾家祠堂院内

↓ 训诫石

↑ 贾家祠堂内景

板的情景。

党贾两家耕读传家，据粗略统计，从清道光至光绪八十多年间，这个不足百户的党家村，就先后出了一名进士、一名拔贡、五名举人、四十四名秀才，党家村也成为闻名远近的"文化村"。

党家村不仅古代贤才辈出，在当代也文风如旧，"文革"前毕业于各类大学的大学生40余人；恢复高考至今，1400多人的小村子，升入大学的就有180余人，攻读硕士、博士学位的有40余人。

文风如此，忠孝仁义事例在党家村更是屡见不鲜。早在明嘉靖至万历年间，党孟辀就先后代乡民纳田赋300两白银，向县府捐献1000石粟谷赈灾而誉满一邑。其他如党遵圣、党之学倡建泌阳堡；党天佑率众开劈并石铺东坡；牛孺人为夫守节；抗战期间，百户小村的党家村，60余人从军，其中16人一去不返，血洒疆场……足见党家村人文精神和崇尚爱国保家的道德价值观念。

四合院的雕刻艺术

党家村古村落的建筑雕刻艺术美轮美奂，其中清代建造的节孝碑砖雕精美独特，是党家村砖雕的代表之作；村中最高建筑文星阁各层都有砖雕牌匾。党家村古民居四合院内的雕刻艺术极具地域文化特色，这些雕刻分为石雕、砖雕、木雕三种，含义深邃，构图华美，是传承党家村家训文化的艺术载体。

党家村四合院院门分墙门和走马门楼两类。墙门大多开在门房偏左或偏右的一间上，中门较少。只有家里出了有"功名"的人，才能开中门，而且可以在中门外面竖立标识旗杆。另一类走马门楼，高大气派，列于巷道两侧，建筑装饰十分讲究。党家村四合院的建筑工艺比较集中地展示在走马门楼上。那些精美的雕刻材料、纹样、内容都透露着古村落的经济繁荣和文化昌盛。

↑ 四合院门楼木雕

↑ 四合院木雕

↑ 四合院木雕

　　走马门楼设在门房背墙内七八尺处，这一段空间称外门道。
外门道上有阁楼，阁楼向外一面堆叠起来的枋木称为门楣，门楣略
施藻绘，有精美木雕、砖雕，也有全部透花饰以枫拱和垂花的。两
侧下起墙裙，上与门框等高处，用有纹线的花砖圈出两方很大的框
壁，框中用砖雕做成各种图案。框壁外侧左右各有一根一半墙内一
半墙外的通柱，柱下有石础，逢年过节、红白喜事对联就粘贴在通
柱上。

　　古人出行时以骑马（驴）为主要交通工具，所以党家村富裕人
家门前有两块上马石，墙上安装有拴马环，墙旁边还竖栽着雕刻精美
的拴马桩，这些都是为主人和乘马的宾客提供方便而设计的。因为有

这几样"豪华"配置，这种门楼才冠以"走马门楼"的大名。

拴马环和墙内的柱子是连接在一起的。古人建房时，先立柱上梁，再砌墙，把这拴马环的内端钉在柱子上，柱子和墙成了整体，非常坚固。

↑ 门墩石

在上马石、门枕、接近地面的柱础和照壁等处都有精美的石雕。门两边的门墩石分方形、鼓形、兽形几类。方形、鼓形上也都雕有人物、禽兽、花卉等，形态生动逼真，也有狮子门墩、鼓形门墩相结合的石雕门墩，还有简洁的竖立双体线石雕门墩，特别是狮

↓ 门墩石

↑ 螭头子与坐斗

↑ 砖雕坐斗

子门墩，无论是粗犷勾勒还是精雕细刻，都能将这一猛兽雕刻得神态逼真。

走马门楼通柱外侧以及同列山墙墙头都砌着宽约一尺的螭头子。螭头子呈弧形，支撑房檐，上有精美砖雕起装饰作用。古书上把无角的龙叫"螭"。《辞海》中"螭头"指古代彝器、碑额、殿柱、殿阶及印章等上面所刻的花饰。可见这里是借称了。

螭头子下部为坐斗，建筑师的创意集中体现在这坐斗上。坐斗与墙砌在一起，整体突出墙外，呈悬空状，雕刻部分是其外露的三面，一般分上下两层：下层多为透雕须弥座，下饰流苏、云头等形状；上层多为二级"斗"形构件，能刻六幅画面。年代较早的画面简单，如卦爻符号之类，后来内容非常丰富，有琴棋书画、梅兰竹菊、鹿兔象马、虎牛麒麟以及几何图案、万字拐、八卦图等。至清乾隆年间，砖雕艺术可说到了登峰造极的地步。有人调查统计过，党家村走马门楼的螭头子样式有四十多种。

党家村的照壁、山墙上都有大量的砖雕艺术，从形式和内容上大致可以分为四类。

第一类是独字照壁。上雕一个两米见方的巨大"福"字或"寿"字。"福"字潇洒开放，"寿"字平和厚重，当是出自昔日大手笔，辗转临摹而成。

第二类是图案照壁。整体上看是一幅精美的花鸟风景壁画，其寓意却要用谐音隐喻来作解释。比如用"树、鹿、喜鹊、蜜蜂、猴子"分别谐"福、禄、喜、封、侯"之音，用青松、灵芝、南山隐喻长寿，常见的还有"鹿鹤同春""封（蜂）侯（猴）挂印""五福（蝠）捧寿""福禄寿喜"等意境，自然含蓄、朴实无华而又耐人寻味。

第三类是壁刻家风家训，内容大多在规范家人思想、道德、言行方面。比如"无益之书勿读，无益之话勿说；无益之事勿为，无益之人勿亲""富时不俭贫时悔，见时不学用时悔；醉后失言醒时悔，健不保养病时悔"等。

第四类是无字照壁。壁框中以正方形青砖为底，白灰砌缝。框中一个字也没有。其寓意为"清白方正"，或者是要叮嘱、劝勉、告诫、祝福的话太多太多，"此时无声胜有声"。

门额题字，几乎家家都有，或木雕或砖刻，成为党家村书法艺术的展示窗口。题字多为本村或本邑当时民间知名书法家所写，

↑ 独字照壁

↑ 图案照壁

书法砖雕

书法砖雕

精美砖雕

壁刻家训

勤俭治家之本
和顺齐家之因

壁刻家训

读书齐家之本
循理保家之根

相当讲究。字体以楷书、行书为主，或丰润端庄，或刚健秀美，各
有千秋。

门额题字木雕利用油漆进行彩绘，白底黑字或蓝底金字，内
容多为表达主人愿景及身份的文字，多角度地诠释了中国古代"修
身、齐家"文化的内涵。匾下左右两个管扇头，雕成云头、莲花等
样式，涂着金粉或银粉，点缀着门楼外观。

从门额题字内容上看，大致有光宗耀祖、伦理道德、理想追
求三类。比如有以耕田求温饱、以读书求进取的"耕读第""诗书
第""诗礼第"等；有以显耀功名而激励后人的"明经进士""登
科""太史第"等；有倡导完善自我道德修养的"忠恕""谦
受益""安详恭敬"等；有规范家庭成员及邻里关系的"孝弟

↓ 党家村门楣题字展览

慈""和致祥""和为贵"等；有表明为祖先争光、为后辈造福心志的 "志欲光前""心存裕后""诒谋燕翼"等；有表达祈福求祥、安居乐业美好心愿的"瑞气永凝""紫气东来""安且吉"等；有追求崇高理想和道德境界的"清白传家""宝善居"等。

　党家村中这些建筑雕刻艺术，构图精美，是文学、艺术、哲学、道德、美学的融合，展现了村民的美好向往、审美情趣和优良家训村风，把现实生活起居空间拓展到人们的精神世界，不仅美化了建筑空间，更具有跨时空教化后人的作用，无疑是人类宝贵的精神文化遗产。在我国目前大力倡导复兴优秀传统文化的大背景下，党家村家风家训及其雕刻艺术更具有积极意义。

↓ 砖雕照壁

↑ 党家分银院门楼

↑ 党家分银院垂花门楼

分银院见证黄金时代

党贾两族世居党家村，携手创建了气势不凡的党家村四合院，其中党贾两族的两座"分银院"，就见证了当年日进斗金的黄金时代。

赫赫有名的党家分银院，门楣上写的是"庆有余"。明清年间，党家村人在河南做生意赚了大钱，运回村的银子就在这分银院里分配。这里实际上是党家村的"乡村银行"。传说这里总共把几千万两银子分给了党家村的族人，这才有了党家村一座座古色古香、格调高雅的四合院。

在分银院门前，可以欣赏到富丽堂皇的垂花门楼，这是独特的三雕艺术，集木雕、砖雕、石雕于一体，精美、典雅、气派。

门楼上方采用非常考究的木雕，是木雕中难度较大的透雕工艺。图案刻有喜鹊、梅花鹿、莲叶、莲子，其意义分别为喜上眉梢、求取功名、连生贵子。最为精湛的是透雕下面有四柱下垂的莲花，其雕饰之精美，堪称一绝。垂花门楼是党家村木雕的精粹代表作。

↑ 分银院招牌

↑ 分银院门楼对联

↑ 分银院门楼对联

　　从山墙上突出来的弧形构件有起挑房檐的作用，即为螭头子，其下为坐斗，上面刻有三层图案，第一层为麒麟送子，因为麒麟在我国被视为一种吉祥物，意在保佑孩子吉祥平安；第二层是石榴，石榴籽多，意在多子；第三层为蝙蝠，取"福"的谐音，意在多福，寓意"麒麟送子，多子多福"。

　　门楼下面的门墩石不仅是起加固门框的作用，更体现了主人的审美意识。门墩石上雕有香炉、花瓶，"瓶"取"平"的谐音，意在香火不断、平平安安，包含着主人对生活的美好愿望。

　　从党家分银院门楼的三雕艺术来看，更能看出党家村民居建筑与其他地方民居建筑的不同之处，它不光是日常生活居住的院落，更是古朴、典雅的建筑艺术品，具有很高的观赏性。

　　贾家分银院是贾家定居党家村后建的第一座四合院，距今已有四百多年历史。门楣题字是"笃敬"，典出《论语·卫灵公》，意为笃实诚信，恭敬庄重。

这个四合院开的是偏门，正对门的厢房山墙上有一个砖雕照壁。照壁上的砖雕图案是中国佛教的一种符号"万字拐"，因为它拐来拐去不断头，寓意"万字不断头，福寿不断头"；中间有一朵莲花，外围是莲子、莲叶，寓意连生贵子。墙中部有供奉土地神的神龛，对于种田的农民来说，供奉土地神就是希望年年丰收，多打粮食。俗话说，"进门土地堂，家有万担粮"。一般土地神龛的位置设计有两处，有的在正对门的照壁上，有的在大门内的侧面。土地神还象征性地起着门卫的作用。

由于这个院子是贾家定居党家村之后建的第一座四合院，所以厢房较低矮。尽管如此，党家村建筑文化极为丰富的内涵，渗入贾家分银院的每个角落。比如脚下的三级台阶，意在望子登科，连中三元，连升三级。

党家村四合院厅房的两侧都有砖雕的门庭家训。老祖先把自己在生活中总结出来的一些为人之道、处世之理、养性之规、修身之法刻在墙上，教育子孙后代如何为人处世、待人接物。贾家分银院也不例外。其厅房的一侧有"傲不可长，欲不可纵，志不可满，乐不可极"的家训，意思是骄傲的情绪不可滋长，欲望应该有所约束，不可放纵，不应该满足于现状，要学无止境，享乐不宜无度，当心乐极

↑ 贾家分银院外景

生悲。厅房另一侧与其对称的是"动莫若敬，居莫若俭，德莫若让，事莫若咨"，意思是举止稳重得体，居家过日子应该勤俭节约，注重个人涵养，要互相谦让，遇到麻烦事情多多咨询，请教别人。

刻在厢房的家训是"心欲小，志欲大，智欲圆，行欲方，能欲多，事欲鲜"，意思是做事应当小心谨慎，志向应该远大，思想应该圆通有变，但行为必须方正不苟，能力当然是越多越好，是非应该是越少越好。东边山墙上与其对称的是"言有教，动有法，昼有为，宵有得，息有养，瞬有存"，意思是说话要有修养，行动要遵规守法，白天要有所作为，晚上要把白天所做的事情想一想，哪儿对，哪儿错，总结经验教训，应该有所心得，休息下来要闭目养神，养好身体，一呼吸、一眨眼的时间都要有所收获，不要虚度年华。

党家村这些家训贴近日常生活，教育意义深刻，是世代人的精神财富。

贾家分银院对面临巷那堵墙的上方开有两个大窗户，这座小二层建筑就是古代的绣楼。当年临巷的墙上一般是不开窗户的，一则不安全，二则有散气的说法。但大户人家也会专门为小姐设计绣楼。村里主巷道在过年时闹社火、唱皮影戏时，平常大门不出、二门不迈的大家闺秀，就在绣楼上面的窗前隔着帘子观赏。

贾家分银院门外临巷口，可以看到各家高大气派的走马门楼。党家、贾家分银楼和这些走马门楼、绣楼等，其精美的三雕艺术都见证了党家村当初的繁盛和荣光。

↑ 光裕第门楼

↑ 光裕第手工织布机

北方"光裕第"的南方元素

党家村四合院是典型的北方民居，但在一座门楣写着"光裕第"的四合院，却出现了明显的南方建筑元素——回廊，这就是回廊院。

"光裕第"是光前裕后的意思，光前是光宗耀祖，裕后是儿孙幸福。主人给祖先争了光，走南闯北给儿孙创下了家业，自豪之意全表白在门楣上了。从现实这座带有南方建筑元素的四合院来说，显然主人实至名归。

主人的自豪是有根据的，这座四合院是党家村仅有的一座带四边走廊的四合院。这家院子比别家的宽大，采光充足。下雨时在院内回廊环院走一周，脚不会沾水，正所谓"晴可遮日，雨不湿脚"。这种回廊样式建筑在多雨的南方比较常见，由此可见党家村人在建筑方面也曾主动向南方人学习。

回廊院的厅房两侧有家训，一侧是"无益之书勿读，无益之话勿说；无益之人勿亲，无益之事勿为"，这白话文家训颇有哲理，想来是当时四合院的主人一生经验的总结，刻在这儿警示后辈儿孙。另一侧是"在少壮之时要知老年人的心酸，当旁观之境要知局内人的景况。处富贵之地要知贫贱人的苦恼，居安乐之场要知患难人的痛痒"，告诫后辈不要贪图享乐，腐化堕落，要忆苦思甜，设身处地替别人着想。

在上厅房走廊西侧还摆放着一架手工织布机。厅房正中悬挂着状元王杰撰写的名联"落笔千年犹细事，读书万卷要深期"，意为写文章要实事求是，符合史实；读书要深入思考，学思结合。

厅中的展室，展出了家传至今的明清古家具和家藏的古铜

↓ 光裕第内景

器、瓷器物件若干，颇有观赏和收藏价值。

展室中还展出一张弥足珍贵的历史照片——党氏二门坚守河南南阳瓦店后裔的合影照。这张照片摄于1940年，照片中有回廊院现今主人党启智的父亲。

如今在这个院子里生活着的院主人老两口，还热情代销韩城当地的花椒酸奶。

↑ 光裕第石雕

诗礼第

党家村有一个四合院的门楣上写的是"诗礼第"。《诗》《礼》是儒家的两部经典，意思是说，要用这两部书治家创业，教诲子孙。"第"就是门第，这里指宅院。可见党家村人受儒家文化影响之深。

院落主人叫党俊宏，是韩城一位极有名望的人。他抗战时就已加入共产党，解放战争时期从事地下工作，新中国成立后长期担任韩城最高学府象山中学校长。在任期间，业绩突出，学校曾取得过陕西省高考第二名的好成绩。

诗礼第是砖木结构，且为楼房，但楼上不住人，只放粮食或其他杂物。房屋朝外一面几乎都不开窗户。讲究上房为"首"，左右厢房为"臂"，门房为"足"，俗称合欢四合院。上房也叫厅房，建得最高，是安放祖先牌位和宴请宾客的地方。不论进院台阶，还是厅房台阶，都有三级，寓意"连升三级"。

两边厢房由儿女居住，门房由长辈居住。院内房屋高低不同，厅房、门房容易看出，即使两边的厢房，也有高低之分，东边的要高一些。兄弟住房也有"兄东弟西"的讲究，哥哥住东边，意在以东为

↑ 诗礼第门楼

上，要起到一个兄长的表率作用。

　　厨房安排在进门东边的第一个房间，讲究的是"东起西落，人丁兴旺"。

　　厕所建在院子西南角。西南方在八卦中方位属坤，代表地。肥沃的土壤是农作物生长的源泉，把厕所建在代表大地的西南方，表达了人们对庄稼丰收的祈愿。

一颗印

　　党家村最小的四合院不是长方形的，而是正方形的，这个四合院的地基平面就像一颗方形图章，俗称"一颗印"。这个四合院的门楣是砖雕的，写的是"瑞气永凝"，意思是吉祥如意之气永远凝结在家中。

　　一颗印位于村中一条南北小巷子的西边，坐西向东。它没有高大的走马门楼，实在是太小了，小到厢房太短无法开偏门，只好在墙上开了中门，可开了中门又怕不聚气，因此建了一座苫屏门，平时关着，自家人由两边进院子，有贵客来临，才开启迎客。四合院的一大特点是封闭，苫屏门也起了这个作用。封闭的社会产生了封闭的四合院，这是历史的产物。

　　苫屏门正面的门楣写的是"步伐恒严"，意思是站得要端，行得要正；背面的门楣写着"诗书继世"，表达了这家主人希望子孙辈辈都是读书人。

厅房前正中上方醒目地悬挂着"一代乡贤"的木刻牌匾，是党家村两委会赠给这家主人党丕经先生的挽匾。党丕经（党培经）（1920—2003），做过陕西省前副省长苏资琛的秘书，曾长期在陕西省民主促进会工作，后来又创建了韩城民主促进会，担任过多届韩城市人大代表，韩城市政协委员、政协常委。党丕经在司马迁研究、韩城地方历史文化研究方面多有建树，著有《司马迁与韩城民俗》等著作。他毕生致力于爱国民主事业和文史研究工作，对党家村的发现、调查、宣传全过程作出了难能可贵的贡献，在村中享有很高的德望。

↑ 一颗印院门

厅前两侧挂着党丕经先生生前自撰自书的木刻对联："祖宗艰难创业，建此庄，建此宅，原意为蔽风雨，乐农商，岂料留下稀世瑰宝，可光中华建筑史；子孙懵懂享用，作于斯，得于斯，不识其庐山面，蕴椟玉，既经拂去历史尘埃，方见北国文明村。"这副对联既高度概括了党家村的来历和历史文化价值，又巧妙运用典故，增添了整个院落的文化气息。

↑ 一颗印院门楣

一颗印院小乾坤大，厅中是展室，以图文相结合的形式，概述了党族二门党德佩、党景平父子在河南南阳瓦店创立"恒兴桂"商号和贾族贾翼堂与党族三门党玉书在河南社旗联手创立"合兴发"商号的历史，描述了他们从艰难创业、诚信经商到生意鼎盛、日进万金，直至成为当地商界奇才和领军人物的历程。他们及其继承人用自己的胆识才智和诚信经商换来的真金白银，被一批批运回党家村，这一座座四合院才能拔地而起。

有人大概估算了一下，在清乾隆到咸丰年间的一百多年时间里，党家村收进白银有几千万两之多。这笔在当时算是天文数字的巨额财富足以装备一支北洋舰队！正是在这一百多年间，党家村掀起了盖四合院的高潮。这就是党家村发家的奥秘，也是党家村四合院的来历。可见党家村的四合院不是小农经济的产物，而是党贾两族的先辈们闯荡中原，搏击商海，积攒财富建造的。党德佩、党景平和贾翼堂、党玉书四位商界骄子的牌位被后辈人供奉在神龛里。

沧海桑田，今天这个最小四合院里的主人党丕经先生已经去世，他的儿子党康琪也是一位年近70岁的老人了，无疑又是一位党家村古民居四合院"活化石"的见证者。

经了解，党康琪于1982年陕西师大中文系毕业后，一直从事中等教育工作。他业余时间专注党家村地方文化研究，先后编著了《党家人说党家村》《党家人说党家村续集》《韩城古民居门额题字集解》《镌刻在青砖上的家训》《千古韩城》等书，还有其他学术著作和一部党家村题材的长篇小说。党康琪老师还热情地给笔者提供了一些党家村资料，他在传播党家村文化方面著书立说，成绩斐然。正是有这些有责任感的党家后代，党家村文化才生生不息！

老院

　　党家村最老、最大的四合院，村人称它为"老院"。老院门前
两侧曾各立一个旗杆，故而又叫"双旗杆院"。这里现在是党家村
党氏第二十代传人、退休教师党鉴泉先生和夫人薛中秋女士的家，
也是开放供游客参观的景点之一。在这里，党家村的古老与年轻、
苦难与幸福、光荣与梦想表现得淋漓尽致，尽显古民居四合院"活
化石"的鲜活魅力。

　　老院是党家村至今保留下来最老的四合院，据有关专家考证，
老院系明代万历年间的建筑，距今已有近五百年的历史。

↓ 老院大门

　　老院原为党族二门聚族而居的地方，随着人口增多，后代子孙
繁衍，不断迁出老院，另立门户，现在村中党族户数的一半多系党
族二门后代，可谓树老根深，枝繁叶茂。

　　老院院门有三道门楣：第一道是大门门楣"耕读第"，第二道
是苫屏门门楣"志裕光前"，第三道是苫屏门背面与"志裕光前"
对应的"心存裕后"。

　　老院因祖先功名显赫而开设中门，但又担忧后辈人功名渐淡，
财气渐弱，因而在大门外巷南修筑了照壁，在大门内又建了这道与
院等宽的苫屏门，以作聚气之用。照壁及外门道的砖框墙均采用正
方形青砖，并以白灰砌缝，框中无字无画，寓意做人要"清白方
正"。

↓ 老院内景

　　党家村乃至韩城一般四合院厢房多为四间，少数有三间或五间，而老院的厢房为八间，院长近30米，相当于一般四合院的两倍，占地面积接近一亩。其中房院占地九分一厘，取"九九归一"之意；延伸至巷南照壁后墙根，占地为九分九厘九，取"谦受益，满招损"之意。

　　老院的文化气息浓厚，世代相传，至今不衰。除三道门楣外，老院厅房内外还有四副清代的木刻牌匾、四副木刻的古今对联以及悬挂于厅堂正中的《祭祖感怀》诗和韩城当代文化名人罗建民先生等人的书法、绘画作品多幅。

↑ 老院厅房

　　老院厅房前挂着的"明经进士"匾，是清朝道光年间韩城县令刘建韶送给这家主人党遵矩的。"明经"原为隋唐时期科举考试的一个科目，到了明清时期成了贡生的别称。

　　厅内正中挂着的"磻溪春永"牌匾。这里用了一个典故，"磻溪"是渭水上游的一个支流，相传是80岁的姜太公钓鱼遇周文王处，姜太公后来辅佐周文王成就了大业。"磻溪春永"的寓意是80岁以上的老人仍可以老有所为，健康长寿。

　　厅东上方挂着的"松寿鹤年"也是一块寿匾，是门生送给老师的。厅西上方挂着的"永膺多福"牌匾，是党腾云中举后敬献给列祖列宗的功名匾。"膺"，本意为接受、承受，这里可引申为享

↑ 老院"全国最美家庭"证书

受。这两块牌匾都是清代道光年间的。

老院还有四副木刻对联。其中厅内"家有素风惟孝友；世贻清泽在诗书"和苫屏门内"继祖宗一脉真传，克勤克俭；教子孙两行正路，惟读惟耕"是两副流传甚广的传统联；大门前的"问津桃花源，失之渊明笔下；信步泌水岸，得于恕轩门中"和厅前的"教子诲孙，当以耕读为齐家之本；为学从业，须知文武皆报国之途"两副对联，则是老院现今主人、党氏第二十代传人、年已古稀的党鉴泉先生自己撰写的。

厅房正中悬挂着房主党鉴泉先生的《祭祖感怀》诗，追述了党家村的历史，内容如下：

始祖恕轩朝迁韩，子孙生息东阳湾。

敦务商农根基固，精修村寨恩泽覃。

匠心独运称瑰宝，风貌古朴胜桃源。

安居老院吾侪幸，恒念列宗创业艰。

厅中还有韩城当代文化名人的书画作品，以及临摹古代名家的多幅作品。古今相映，墨香袭人，令人感受到浓浓的历史文化气息。

　　老院厢房北侧山墙上有砖雕"福""寿"二字，是老院主人家庭幸福观的反映，也是老两口晚年幸福生活的恰当表达。党鉴泉和老伴薛中秋都是古稀老人。他们的全家福大合影和全国妇联颁发的"全国最美家庭"荣誉证书放在显眼位置供游客参观。

↑　"全国最美家庭"党鉴泉一家

党家村最高的地标性建筑物是文星阁，这是一座风水塔，一座文化塔。在党家村还有一种造型别致、功能独特的小型公共建筑设施叫"惜字炉"，主要功能是专门用来收集和焚烧写有文字的废纸。点缀在党家村民居四合院门楼、照壁、墙壁、厅房内熠熠生辉的各类木刻牌匾、砖雕家风家训，一字一句、一画一文，更是一道道靓丽的文化风景。司马迁、王杰和晋商文化都对党家村产生过影响，黄河文化、儒家文化、史记文化、科举文化和商贾文化都在此小村寨里凝聚。

↓ 文星阁远景

第四章

崇文尊贤
文化乡

↓ 文星阁阁门

司马迁、王杰及晋商文化对党家村的影响

↑ 司马迁塑像

↑ 司马迁祠墓内的献殿和寝宫，内祀
　司马迁的塑像

　　党家村所在的韩城古代是只有几万人口的小县，本乡本土的历史文化名人无疑对于党家村文化有重大影响。这其中必然会有韩城当地名气最大的两位历史文化名人：史圣司马迁和清朝名臣王杰。党家村进士党蒙家族门楣题字中出现与司马迁太史公一致的"太史第"，让人联想到党家村人崇尚太史公司马迁。王杰所书匾额大字"安详恭敬"挂在党家村多家门头也是证明。还有传说王杰与党家村有亲戚关系。深入了解韩城当地历史文化名人司马迁和王杰，便于我们追踪研究党家村崇文尊贤的文脉源头。同时，党家村贾族出身晋商，党贾二族长期在商海摸爬滚打，不能不受黄河对岸一河之隔的晋商文化的巨大影响。

　　司马迁，字子长，夏阳（今陕西韩城南）人，西汉史学家、散文家，司马谈之子，任太史令，因替李陵败降之事辩解而受宫刑，后任中书令。他继承父业，著述历史，忍辱负重，于西汉征和二年（前

91）创作完成了中国第一部纪传体通史《史记》。该书共130篇，记载了从上古传说中的黄帝时期到汉武帝元狩元年共3000多年的历史，对后世影响巨大。司马迁被后世尊称为史圣、太史公、历史之父。

司马迁在父亲司马谈去世后，曾将父亲的遗言书写成文，这就是韩城最早有文字记载的家训——《命子迁》。司马迁的家训文化也影响到党家村。党家村家家户户门楣上都刻有祖先留给后人的家风家训。

清朝时期，党家村所在的韩城市还出了一位状元名臣王杰，对党家村崇尚文化传统影响也很大。这位状元曾给党家村一家人题写了"安详恭敬"的门楣，如今党家村多处建筑上还能看到王杰这幅书法作品。

在党家村"诗书第"古书画展馆里，有一副对联："字挟烟云笔沾雨露；品如兰惠望重圭璋"，这是名臣王杰的孙子王鹭写给这家主人的，一是赞扬这家主人字写得好，学识渊博；二是赞扬他人品好，德行好。

由此可见党家村人对王杰的敬重和王杰对党家村的影响力。

王杰（1725—1805），清朝状元、名

↑ 清乾隆年间陕西巡抚书写的"汉太史司马公墓"碑

↑ 元代修建的司马迁墓葬，墓冢上有一株古柏，古柏苍郁遒劲，传说植于汉代

↑ 王杰题字门匾"安详恭敬"

臣，字伟人，号惺国，陕西韩城人。据说清乾隆皇帝为了照顾北方人，将考在第三名的王杰钦点为状元，世称"扶贫状元"。王杰也是清朝开国后第一名陕西籍状元。王杰官至军机大臣、上书房总师傅、东阁大学士，总理礼部，嘉庆帝即位后仍为首辅。

王杰生在关中，十分崇拜关学创始人张载的实学风格，乾隆二十七年（1762），时值张子祠再次修缮告竣，去函请他撰写楹联，王杰欣然命笔两联。第一联为：道学振关中，十六字渊源摇接；教译留梓里，千百年俎豆常馨。第二联为：三代可期井田夙愿经时略；二铭如揭俎豆能往阐道功。以表明他愿意继承张载的治世之道。

党家村党家祠堂有清末进士党蒙撰写的木刻对联：由朝邑迁韩邑，五百载人文蔚起；自元代迄清代，二十世俎豆常新。笔者认为，此联中的"俎豆常新"就直接取自乡党王杰为张子祠撰写楹联中的"俎豆常馨"。这也显示了王杰对党家村的文化影响力。

党家村"光裕第"厅房正中还悬挂着状元王杰撰写的名联"落笔千年犹细事，读书万卷要深期"，意为写文章要实事求是，符合史实；读书要深入思考，学思结合。

司马迁、王杰缔造了韩城文脉，后世人才济济。韩城人熟悉这样一句话："走下司马坡，秀才比驴多。"

党家村历史上曾经陆续办起了十二个私塾，重视对子孙文化教育，历代人才辈出。党蒙家族"太史第"里当代走出了四位研究生，其中党蒙的曾孙党治国在1954年以陕西省高考状元的成绩，被清华大学录取。1978年，党家村的学校中考取得了渭南地区第一名的好成绩。这无疑也表明了党家村人延续着韩城乡党司马迁、王杰开创的文脉。

晋商是指山西商人，曾经首创了中国历史上的票号，显赫一时。晋商是中国最早的商人，历史可远溯到春秋战国时期。明清两代是晋商的鼎盛时期，晋商成为中国十大商帮之首，在中国商界称雄达500年之久。山西离北京地理位置很近，当时进关出关都很方便，晋商经营茶、油、盐、粮，有着得天独厚的优势。

晋商文化，是以整个山西为背景，以商贸为中心形成的一种文化形态，也是以晋商在中国市场上发迹、称雄为起点，从明清两代延续到民国时期，以商业为纽带的一系列文化现象。

山西商人富裕后修建故乡住宅是他们的共同追求。在山西省内

↑ 经商用木器

↑ 大车木轮

有晋商大院，在山西省外则有山西会馆。晋商的民宅建筑文化独具特色，如祁县的乔家大院和渠家大院、灵石的王家大院、榆次的常家大院等是其中的杰出代表。这些雕梁画栋的宅院，古色古香、风韵犹存，是宝贵的民居文化遗产。

党家村与山西仅隔一条黄河，党家村第二大姓贾家的祖籍就是山西。早年晋商沿着黄河一线来到韩城，也把晋商文化带到韩城。党家村党家是跟着联姻后的贾家一起走上经商之路的。在共同经商的数百年间，有着山西晋商背景的贾家，无疑会把晋商文化传给党家。山西晋商发家后修建民居院落的风俗也感染到党家村人。党家村能修建如此大规模的民居四合院，无疑借鉴了山西晋商修建大院的成功经验。在那个储户要向银号缴息的年代，晋商银号对中华民族经济发展功不可灭，大量的银子在镖局的押护下由全国涌到了党家村。财富经过时间洗涤之后，凝固在了大量的民居建筑之中，晋商文化中的缮宅之风在党家村得以体现。没有深受晋商文化影响的党家村富商赚取的巨额财富，也就不会有党家村今天的古民居四合院。

高大地标文星阁与小小惜字炉

　　党家村最高的地标性建筑是位于古村落东南角的一座古塔——文星阁，取"文星高照"之意。

　　村里人把文星阁叫作塔，实质上塔和阁是有区别的，塔是佛教建筑，一般总层数是奇数，里边供奉的是佛教的先祖。而阁则与佛教无涉，一般总层数是偶数，供奉的是主持文运兴衰的神圣。

　　韩城有句古谚语："取不尽的西北，补不尽的东南。"说的其实是地势问题，当地人认为韩城的地形西北高东南低，导致风水不好，所以在韩城许多村东南方位都会建造高塔来补风水。党家村的地势与韩城的地形走势一样，整体地势西北高，东南低。相信风水的党家村老辈人，为了弥补党家村地形上的缺陷，平衡党家村不平的地势，避免出现"天倾西北，地陷东南"的状况，就在村子地势最低的东南角修建此高塔作为支柱，以撑东南天。一是为了改善风水，二是为了振兴文运。

　　据说村中原来有一座木塔，是明末建的（另说始建于清雍正三年，即1725年），后被火烧毁。清光绪二十七年（1901）重建此塔，光绪三十四年（1908）建成，历时八年。相传文星阁是由两批山西工匠所建。第一批工匠建的是塔基底座和第一层，全是白灰糊面，但由于担心越建越高的塔的安全问题，越想越没把握，竟然不辞而别。于是村民另找了第二批工匠。所以第二层到第六层的五层变成清水砖墙，以示区别。当时建塔的脚手架都是用杉木杆搭设，两道绳子绑扎，一道是麻绳，雨天麻绳遇水更结实，捆绑得特

文星阁

别紧；一道是牛皮绳，晴天越干燥牛皮绳越结实越紧，因而建塔时未出过任何事故。

文星阁塔身高37.5米，周长19.5米，外形是六层、六面、六角形，面向村子的前三面开有窗户，后三面没有，意思是把好的风水挡住不让外流。塔内设计有木楼梯，可以上到最顶层。

文星阁共六层，每层门额都有砖雕牌匾，上面分别题字"文星阁""大观在上""直步青云""文光射斗""云霞仙路""笔参造化"。

文星阁是天造地设的一支笔，是文化的象征。塔身还颇像《封神演义》中托塔天王李靖手中的镇妖宝塔。登梯而上，仿佛"后人见前人履底，前人见后人发顶，如画重累人矣"。

第一层门额题"文星阁"三字，内外共有两副木刻对联。外面的一副是"巍焕楼台新气象，森严龛阁旧规模"，横批"文星阁"，这是党家村清末举人贾乐天撰写的，意思是高大的文星阁呈现出一派焕然一新的面貌，阁楼里边神龛森严，仍保留着原本的模样。里边还有一副对联："配天配地，洋洋盛世超千古；在左在右，耀耀神灵保万民"，为清末秀才党乾烈所撰写。阁内供奉着圣人孔子以及其10位高徒的牌位。

第二层"大观在上"、第三层"直步青云"的题字都是鼓励后代努力攀登高峰。第四层"文光射斗"，寓意党家村文化底蕴之浓厚。第二、三、四层分别供奉着颜渊、曾参、子思以及孟轲的牌位。

第五层供奉的是吕洞宾，他是文人成仙，"云霞仙路"意思是对文化最高境界的追求要达到像他那样。第六层供的是一手拿笔，一手执卷，正在点状元的魁星爷——文曲星的塑像，文曲星是传说中主持文运的星宿，"笔参造化"正是文曲星的要点化的吧。这充分体现了村人崇尚文化的观念，也包含着盼望子孙道德高尚、读书成才的愿望。

可见党家村人是如何巧妙地借风水塔，表达了更多的人文内涵，寄托着"修身治家"的生活理想。党家村人将他们的人生理想、道德准则、行为规范等内容一起融于建筑表现中：四合院对于他们来说是安身的居所，而文星阁更多地寄托内心的精神向往，蕴含着浓厚的历史文化色彩。

传说文星阁塔顶有一颗神秘的避尘珠，使党家村瓦屋不染尘埃，房上杂草难生。这是怎么回事呢？其实党家村屋顶不染尘埃、杂草难生，是因这四个因素：一是村落处于避风低凹之处，西北风刮来的尘土顺河谷吹走，屋顶不会落下尘土；二是党家村青堂瓦舍，全部用白灰黏土和泥垫铺屋面，杂草没有生根的条件；三是巷道全部用鹅卵石和石条铺砌，本身不会产生尘土；四是人们及时清扫屋坡，修缮屋面。可见避尘珠能避尘只是人们的想象。

文星阁像是一枝直插云霄的桅杆，挺拔中透着一股坚韧。六根铁绳从顶下牵起六角飞檐，飞檐末端各垂一只大铁铃，风吹铃摆，发出叮叮当当的响声。据村中的老人说，"闻塔铃而知将雨"。俗话说："云往东，一场空；云往西，滑倒老太婆压死鸡；云往南，水涟涟；云往北，晒干麦。"村子在塔的西边，要听到塔铃响，必然是刮东风，东风把云雨向西吹动，只要塔铃连响两天，十有八九要下雨。

数百年来，文星阁不断重建，党家村为此花费重金，然而党家村依然没有出状元。于是，有人从风水角度说，因阁建于谷中，两边塬高，不到塬边看不见。阁尖没超出塬畔是党家村未出状元、探花一类人物的缘故。真可谓成也风水，败也风水。

其实党家村在明清两代经济富裕之后，不仅大兴土木，也追求文化教育，党家村各代以读书为务、科举为荣，据统计，明清两代党家村共出进士、举人各5名，秀才60—70名，几乎半数家庭都曾有过功成名就。党家村有家训"贵在坚持"，村民非常重视读书氛围的营造，无论世风或环境怎样，家家户户都不会放松学习。

党家村人历来十分尊重文化，对于圣人仓颉创造的中国汉字充满崇敬。就是对写过文字的纸张，也十分珍惜，绝不乱扔、乱用。村里流传下来的一种文物器皿"惜字炉"足可见证。

在党家村有一种造型别致、功能独特的小型公共建筑设施叫

↓ 大巷的惜字炉

↑ 惜字炉

↑ 巷口的惜字炉

"惜字炉"。它是用砖头搭设的，设置在主要的巷口。主要功能是用来收集和焚烧写有文字的废纸，以此方式表达对文化的尊重。村里人把所写过字的废纸，既不乱扔，也不作他用，更不得当作卫生纸使用，都是集中放到这惜字炉里焚烧掉，名曰"敬惜字纸""敬天惜字"。

汉字是中华文明与历史传承的重要载体，人们历来用惊天地、泣鬼神来形容仓颉造字之伟大。仓颉造字故里传说在陕西省洛南县，当地父老每年谷雨节都会举行盛大的仪式祭奠仓圣爷。惜字炉起源于敬惜字纸的古老民俗，表现了民间对文字的敬重。

一般认为，敬惜字纸的民俗从唐代开始，至明清大盛，清初惜字之风还流传到日本、东南亚等地。直到民国时期，惜字活动还是很兴旺的。

旧时各地的惜字炉形式各异，有宝塔型、亭阁型、楼屋型等。其名称更多，如惜字炉、字纸炉、化字炉、焚纸炉，惜字塔、文风塔，敬字亭、圣迹亭、敬圣亭、文笔亭，惜字楼、焚字库等不一而足。

党家村里的老年人记得小时候每到大年前，都要将家中平时收集起来的废弃字纸，以及香楼沙中筛出来的香头，统一送到惜字炉中烧掉。这项任务往往由孩童承担，从小培养孩子尊重文化的意识。他们从小得到的告诫是：凡写了字的纸，不得乱丢，不得包物、抹桌等，更不能踩踏在脚下。焚后的纸灰要埋入土中或倾倒于江河之中。老人还警示孩子："踩字纸将来会变成瞎子。"从小培养孩子对字纸的敬畏之心。

高大的文星阁和小小的惜字炉，折射出了党家村人数百年来尊重知识、崇尚文化的优良传统。

党家村四合院家训

党家村民居四合院古朴典雅，让人赞叹，点缀在四合院门楼、照壁、墙壁、厅房内熠熠生辉的各类木刻牌匾、砖雕家风家训，一字一句、一画一文，更是一道道亮丽的文化风景。这些家风家训，传达着浓厚的文化氛围，体现着儒家文化的深远影响力。这些家风家训，陶冶了世世代代的党家村人，也暗含着党家村数百年繁荣不衰的文化因子。

党家村有一座四合院内办了"家训展室"，收集了多种门庭家风家训石刻、模型及装裱好的拓片，还有历史人物在公益、济困、救灾、保家卫国等方面的事迹，可供游客鉴赏。

党家村门匾、家训传扬着传统儒家文化，在形式上有着自己的特色：一是雕刻在墙壁或门额上，让子弟时时得见，耳濡目染；二是语言比较通俗，让家中稍通文墨的老少妇孺，都能理解接受；三是家主在建造房屋时，依据自己的阅历体悟，强调了博大精深的儒学体系的某些方面。

以所在房屋的位置划分，党家村家训可分门楣题字和墙壁上的砖雕对联、字画两大类。

第一大类为门楣上简约的箴铭类题字，这类题字每座院落大门门楣上必有，院内又有屏门、洞门的，门额处也有。题字多为本村或本邑当时民间知名书法家所写，字体以楷书、行书为主，或丰润端庄，或刚健秀美，各有千秋。这些门额门匾或木雕或砖刻，琳琅满目，成为展示中国传统书法艺术的平台。

门额题字木雕利用油漆进行彩绘，白底黑字或蓝底金字，内容多表明主人愿景、心志、情趣，或身份地位，多角度地诠释了中国古代儒家修身、齐家的文化内涵。门额题字内容大致有光宗耀祖、伦理道德、理想追求三类。比如有以耕田求温饱、以读书求进取的"耕读""诗礼第"等；有以显耀功名而激励后人的"明经进士""登科""文魁""太史第"等；有倡导完善自我道德修养的

↑ 门额门匾"耕读"

↑ 门额门匾"笃敬"

"忠厚""忠恕""笃敬""谦受益""安详恭敬"等；有规范家庭成员及邻里关系的"孝弟慈""和致祥""和为贵"等；有表明为祖先争光、为后辈造福心志的"志欲光前""心存裕后""诒谋燕翼"等；有表达祈福求祥、安居乐业美好心愿的"瑞气永凝""紫气东来""庆有余""安且吉""长发其祥"等；有追求崇高理想和道德境界的"清白传家""宝善居""楚书是宝"等。

党家村一举人家有三道门楣：大门是"宝善居"，屏门前是"楚书是宝"，屏门后是"积善堂"。三道门楣都在强调一个"善"字。其中"楚书是宝"典出"四书"中的《大学》："《楚书》曰楚国无

以为宝，惟善以为宝。"意思是说楚国那个地方最重视行善。通过三道门楣反复强调了积福行善，以善为宝的重要性。

党家村第二大类家训文化是四合院墙壁上的砖雕对联、字画类。镌刻位置通常在四合院上房屏门外边，廊下两侧山墙内墙上，以及上房左右两间所对的厢房山墙外墙上。在四合院照壁、院中门庭、厅房两侧山墙都有砖雕家训。老祖先把儒家伦理道德和自己在生活中总结出来的一些为人处世之理、修身养性之法刻在墙上，教育子孙后代如何处世，待人接物。

贾家分银楼四合院刻在厢房的家训是"心欲小，志欲大，智欲圆，行欲方，能欲多，事欲鲜"，东边山墙上与其对称的是"言有教，动有法，昼有为，宵有得，息有养，瞬有存"。

党家村门匾题字和墙壁砖雕家训文化就是当地人的门面和家风、村风、民风。这些家训教育意义深刻，贴近日常生活，是世代人的精神财富，传递着党家村几百年的文明村风。

党家村家训文化思想内容、书法艺术和雕刻艺术完美融合，让人们在欣赏之余感受

↑ 门额门匾 "孝弟慈"

↑ 门额门匾 "忠厚"

到传统儒家人文思想的教益，这种独特的中华民俗文化值得我们不断保护、研究、继承和发扬。

党家村四合院家训文化具有显著的文化艺术特征，具有重要的意义和价值。

一是主题思想传递主流社会价值观，传播儒家思想文化和社会公德，有教化意义。在今天"国学热"的时代背景下，对于弘扬中华优秀传统文化，传承家族历史文化道德，教化子孙弘扬优良家风家训，建设社会主义精神文明具有重大意义。

↑ 壁刻家训

二是具有文学艺术、书法艺术、雕塑艺术的鉴赏、审美、研究、传承价值。这些门楣门匾题字，或砖刻于门额，或悬匾于门楣，浑厚雄逸，刚健秀美，潇洒传神。砖雕刀工精美，木雕古朴典雅，石雕凝重大气。言多出自四书五经，题字均出自当时的文人墨客名家之手，文笔高雅，寓意深远，书法秀美，多姿多彩，是书法艺术的荟萃和展示。最普遍的砖石灰色古文楣题字，色彩柔和协调，古色古香，清雅大方，不落俗套，与当地特有的民居风格浑然一体，相得益彰。它和四合院的建筑一样，极具观赏收藏价值，成为子孙后代的宝贵财富。

三是古门楣题字作为一种遗存的历史文物，是传统文化的载体之一，是体现地方风俗的物证，具有一定的研究价值、观赏价值和保存价值。它是各个历史时期政治、经济、生活的反映，具有鲜明的社会时代气息，是研究党家村民众社会心理的有力凭证，也是考察这个古村落旧日风貌的珍贵资料。

党家村这些精美奇巧的门楣题字、木刻牌匾、砖雕家训，让古老的建筑艺术与文学、道德、美学水乳交融，表达了村民的美好向往、审美情趣和优良家训村风，凝聚着一种潜在的乡村文化力量。把现实生活起居空间拓展到了人们的精神世界，不仅美化了建筑空间，更具有跨时空对后人进行文明教化的作用，是劳动人民在建筑装饰上创造的文明成果，是人类宝贵的精神文化遗产。

↓ 党家村公益碑刻

诗情画意传古今

↑ "诗书第"书画展馆外景

岁月远去，艺术长青。党家村古村落百年文星阁高耸，文脉浩荡，自古有书画艺术传统。在党家村有古色古香的"诗书第"古书画展馆。党家村人才辈出，诗情画意连绵不绝。当代党家村诗书画艺术传承也显示着勃勃生机。

门楣是"诗书第"的四合院如今是古书画展馆，它的大门是直接开在墙上的墙门，由于是中门，里边还有第二道门，第二道门楣是"奠厥居"，典出《尚书》。进两道门，要拐三道弯，俗话说"进门三道弯，不请则自安"，不请求神灵保佑，家里也会平安无事。

厅房悬挂的"宾筵对座"牌匾是清朝道光年间韩城县令刘建韶写给这家主人党遵规的。当时韩城县令每年年底都要请一些乡绅到县里来商议县政事务。党遵规虽只是秀才，但才思敏捷，学识出众，县令非常赏识他，就送给他这块牌匾，意思是说，虽然你我身份不同，但你是我的座上客，可以和我平起平坐。

在"宾筵对座"上面还有一块匾是"令德寿岂"。这家主人党遵规娶的第一位妻子姓高，生了个儿子叫子实，子实四岁的时候，高孺人因病去世，后来又娶了第二位妻子姓张。张孺人对前妻的儿子子实非常疼爱，如同亲生，对父母也十分孝敬。家里是学堂，学生们都看在眼里，记在心上，非常感动。在张孺人过八十大寿的时候，两个学生给师娘送了这块匾，意思是长寿快乐。

"诗书第"书画展馆还保存有一副对联"字挟烟云笔沾雨露，品如兰蕙望重圭璋"，这是名臣王杰的孙子王鹭写给这家主人的，一是赞扬这家主人字写得好，学识渊博；二是赞扬他人品好、德行好。这显示了党家村的书法传统。

展馆除展出古字画外，还展出一些明清古家具，颇有鉴赏和收藏价值。

如今党家村里的文化人也不少，还有民间诗人，比如党载重、党康琪等，他们都有过教师身份。现特辑录两人诗作以供品鉴。

自笑

岁月蹉跎一瞬间，兄弟相偕回韩塬。

书生不曾延旧恨，汉皇何意振长鞭？

↓ "诗书第"书画展馆厅房

↑ 党姓书画家创作百米长卷

未与群盲论道理，却从吾师学做砖，

艰难时日匆匆过，犹在梦里论耕田。

（党载重）

步（自笑）韵

哀鸿遍野那时间，兄弟母亲归故塬。

野菜清汤安知恨，瘦躯石磨哪要鞭？

少年掘炭探生死，及冠务农做瓦砖。

读练讲评匆匆过，于今伴砚不耕田。

（党康琪）

2019年9月21日，"庆祝中华人民共和国成立70周年——弘扬优良家风、共创美好乐园"书画展暨家风家训教育基地启动仪式在党家村隆重举行。本次活动由中华全国党氏研究会、韩城市景区管理委员会，韩城市西庄镇党家村两委会共同举办。全国各地数十位党姓书画家、韩城当地书画名流和党家村书画家，欢聚一堂，现场创作交流，书写党家村家风家训，在党家村小学六间大教室内举行较大规模的书画展览。

会上，西庄镇政府同党家村两委会为评选出来的11户"星级文明家庭"颁发了奖品。数十位书画名流挥毫泼墨，共同绘就了一幅百米书画长卷，为党家村书画艺术添上了精彩的一笔。本书执笔主编作家王印堂采访党家村时，刚好见证了这一壮观时刻。

新时代的党家村承前启后，沐浴着改革开放春风，生生不息，向外界传播着东方民居瑰宝的盛名、历史和文化艺术。

党家村历代十名人①

党恕轩

党家村党氏家族始祖党恕轩于元朝文宗至顺二年（1331），携患病的弟弟由陕西省朝邑县营田庄（今渭南市大荔县范家乡营西村）逃荒出走，在过了合阳后弟弟病逝。党恕轩只身一人行至韩城后在白庙塬下的东阳湾定居，就是后来的党家村。党恕轩定居此地后风餐露宿，钻窑租田，开荒种地，佣工劳作，积攒下了家业。后来娶了邻村樊姓女为妻，开枝散叶，生有四子，开创了党家村子孙近700年的幸福家园，深得后世人敬仰。

↓ 党族始祖党恕轩画像

①本部分参考党康琪诗《党家村历史十英杰》编写。

党真

党恕轩的长孙党真在明永乐十二年（1414）中了举人，他精心拟定了党家村村落的规划，把这依塬傍水原名东阳湾的地方作为村址。这位有学问的党举人在中举之前还首次编写了家谱并撰写了序言。他规划设计的党家村结构独特，兼顾风水之妙、居住之便、安全之忧、建筑之秀和园林之趣，为今日气势壮观的党家村奠定了良好的基础，还开了党家村人耕读并重、崇尚文化、重视教育的先河。

党孟辀

明朝嘉靖至万历年间，党氏长门九世党孟辀多行善事，人称"党义翁"。据《韩城县志》记载，当年灾荒严重，党家村"义翁"党孟辀先后替乡民纳田赋300两白银，于荒年当众焚毁乡邻200多石粮食借据，并向县府捐献1000石粟谷赈灾，受到称颂。其事迹呈报朝廷后，明万历帝亲书"义翁"牌匾赐之。为党家村后代人树立了仁义的典范。

党德佩

顺治初年，党氏二门十一世人党德佩、党景平父子，赶着一头毛驴，驮着两捆棉花下河南闯世界。他们先是卖瓦盆瓦罐，接着做木材生意，于清顺治十一年（1654），在河南南阳瓦店镇经商创立"恒兴桂"号发家。到雍正年间，"恒兴桂"号已成为瓦店的大商家，拥有镇东北大片不动产，土地上百顷。党德佩创立的"恒兴桂"号是瓦店商业盟主。传说党家和当地的王家争盟主，官府主持，众人围观，两方都提着银元宝，竞相把五十两的大元宝从院墙上往墙下的白河里扔，掷银斗富，看谁心疼胆怯会住手，结果党德佩取胜。党德佩商业上的巨大成功为党家村带来了滚滚财富，造福乡里，受到了党家村后人的崇拜。

贾翼堂

党家村贾族祖籍山西，定居党家村后，历代与党族联手从事农商，共谋发展。清乾隆十五年（1750），贾氏十三世贾翼堂到河南南阳府唐县（今唐河县）沿岸经商，创立了"合兴发"号。乾隆四十年（1775），贾翼堂聘党族三门十四世党玉书作"西家"（职业经理），合伙经营"合兴发"号，生意取得极大成功。贾翼堂识人善任，广开财源，生意兴隆，其货船直抵汉口、佛山等地。传说当时党家村日进白银千两，富冠韩塬。

↑ 贾翼堂画像

党玉书

清乾隆年间，党家村富商贾翼堂的合作伙伴是党氏三门十四世的党玉书。党玉书是商业奇才，受聘贾氏，鸿图大展，与贾氏联手做大做强"合兴发"商号，并陆续在襄樊、汉口设立

↑ 党玉书

分店，取得巨大成功。党玉书的儿子党天佑后来也加盟进来。他们诚信经商，规模不断扩大，曾雇用伙计千余人，业务远达赣、湘、鄂，成为当地商界奇才和领军人物。"合兴发"生意鼎盛，日进万金，为村中一座座四合院拔地而起奠定了经济基础。

↑ 翰林党蒙画像

党蒙

清同治十二年（1873），党氏三门十六世党蒙中举。三年后的光绪二年（1876），党蒙进士及第，殿试后授翰林院庶吉士，人称党翰林。后任刑部主事，究法断案，工作干练。外放云南、临安等府知府，治理边防。党蒙无论担任钦差职

↓ 党蒙故居

务，还是在知府任上，都能刚正立身，勤政爱民。传说慈禧太后很器重党蒙，还赐给党蒙她自己书写的"福"字。

贾乐天

清光绪二十八年（1902），贾氏十七世贾乐天中举。清末民初，党家村举人贾乐天领导了韩城的新文化运动，在宣传维新、新式教育、兴学育才、女子解放、组织留学等方面都作出了突出贡献。他创办了女子学校，开创了新风气，为韩城当地培养了大批有用人才，受到后世爱戴。

↑ 贾乐天画像

贾幼慧

贾幼慧，天资坚毅，在祖父辈的辛勤栽培下，考取清华预科，继而留学美国。从美国史丹佛炮兵学院毕业后，归国从戎。抗日战争期间，参加过有名的淞沪会战。后随军远征云南、缅甸，建功立业。抗日战争胜利时，曾经主持过广州方面接受日军投降事宜。

党建国

党建国，少有大志，投笔从戎，保家卫国。先在开封训政学院受训，后毕业于著名的黄埔军校。带兵作战，曾在豫西剿匪。抗日战争期间，转战于南北战场，立下战功。后来在江南举义。

中国民间
文化遗产
抢救工程

THE PROJECT TO CHINESE
FOLK CULTURAL HERITAGES

SOS

党家村人才辈出，不仅有历史名人，还是尚武爱国抗战村。走进党家村，感受到的不只是一个四合院小村落的宁静，还有一座城堡的战火纷飞。泌阳堡是党家村村寨配套的安全防御性建筑，高墙耸立，洞门神秘，雄奇凛然。泌阳堡的连二祠堂如今是两个展厅，一展文一示武，体现了党家村人重视后代教育、传承忠孝仁义、保家卫国、期望子孙后代建功立业的价值观。

↓ 上寨泌阳堡

第五章

尚武仁义
英雄村

神秘堡垒上寨泌阳堡

　　党家村由村寨两部分构成：老村落位于泌水河峡谷中，两侧布满土塬、沟谷；上寨泌阳堡，位于北塬上，形成上寨下村的格局，老村与上寨的连接只有唯一的一条路相通。通往上寨的入口处有寨门阻挡，一夫当关，万夫莫开。

　　站在党家村古村落中间的大巷向北坡张望，高坡上的泌阳堡高墙耸立，洞门神秘，雄奇凛然。

　　泌阳堡是党家村村寨配套的安全防御性建筑，数百年间兵荒马乱不断，泌阳堡的存在曾数次使党家村免遭兵匪之劫难，发挥了巨

↓ 泌阳堡

大的防御功能。对于今天保护如此完好的党家村来说，泌阳堡功不可没。

泌阳堡建于清咸丰三年（1853），于咸丰六年（1856）建成，距今已有近170年历史。时值太平天国、捻军起义，时局动荡，民不安宁，清政府号召民间建寨自保。党家村在举人党遵圣、拔贡党之学的倡导下，党、贾两族36家富户选定村东北半岛型的高崖作为寨基，采取预付银两、购买寨基的方式筹集1.86万余两白银，购地36亩修筑了城堡。

上寨泌阳堡是两面临空的三角形台地，地形险要，东西宽150米，南北长200米，泌阳堡寨门高约10米，在两侧分别架有土炮。上寨的北侧夯筑了长约150米的寨墙，形成了四周围合的封闭空间，从而保证了上寨的安全。目前寨墙已经坍塌。

南侧在高崖上筑堡，堡四周筑有城墙，城墙之上有固定的炮台和可移动的大炮多门，同时还有站棚、营房等。最为主要的是上寨与下村之间只有一条必经之道，与城门暗道相通，俗称城门洞子。土匪一来，村里面的人就上寨躲避，土匪走后又下来生活，从而使党家村免遭祸患。

通往泌阳堡的城门过去装有两道门，外面一道门用铁皮包裹，里边的门用顶门杆拦腰横挡，起到双层保护作用。如今可以看到门后东西两边的圆孔就是当年放顶门杆用的。

通过斜坡洞道，可以登上泌阳

↑ 泌阳堡涵洞道

↑ 泌阳堡涵洞道出口

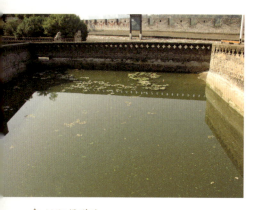

↑ 泌阳堡涝池

↑ 泌阳堡小庙

堡城墙。东边小屋是当时看护城门的人居住的，看护人轮流值班守护城门。

泌阳堡顶上平台还有个涝池。涝池有三个作用：首先，它能蓄水防洪，减轻雨水的冲刷力；其次，蓄存的水能供村民洗衣服及家畜饮用；最后，因为寨基高，空气干燥，涝池还有调节古寨空气湿度的作用。下雨时，全寨的雨水都汇入涝池，雨水充满涝池后，多余的雨水由涝池东南角的水眼溢出，顺暗道流向村子的石铺坡道，然后流入村南泌水河。

泌阳堡顶上傲然屹立的城门楼相当于一个哨所，现在是一座小庙。城门楼内东北山墙有两块石碑，其中一块石碑碑文记载了当时逢年过节轮流管理城门楼的名单，另一块石碑刻着保护古寨环境的村规民约。西边山墙上详细记载了当时建寨时各家各户预付的银两及应占地基的多少。

泌阳堡城墙上有望象台，站在这里党家村尽收眼底，特别是将进入党家村的每条道路都看得清清楚楚。

这里陈列有仿制古炮台做的一门木炮。清末韩城流传一句名言："西塬涝池下干谷庙，党圪崂城上好多炮。"坚固土墙上面内外都筑有齿轮状的女墙，用砖砌成，看起来很像长城。

城墙宽达三米多，过去城墙为版筑土墙，并且土石用笼蒸过，以防止城墙长草，影响城墙的坚固。北面城墙与塬连接，有十米多高。东西两头各筑有一个营房，供守卫巡逻者休息。另三面城墙筑在高崖上，愈加显得高大而险要。当年城墙上有战棚、炮台、火炮多处，并且炮台间堆有滚木、顽石，以备战用。

正是由于泌阳堡设计周密，工程精良，防卫完备，所以土匪侵袭屡战屡败。民国十八年（1929）冬，黄龙山土匪梁占魁数次侵袭党家村，均遭大炮轰击和村民顽强抵抗，仓皇逃窜。

走进党家村，感受到的不只是一个四合院小村落的宁静，还有一座城堡的战火纷飞。

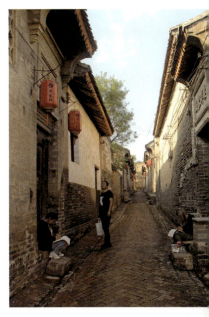

↑ 泌阳堡民居

↑ 泌阳堡绝壁

尚武爱国抗战村寨

　　泌阳堡上面的四合院明显没有坡下老村落里的四合院年代久远，这里有两座以洞门相互连接的四合院，是两座祠堂，取名连二祠堂。如今这里分别是两个展厅，一个是党家村私塾教育展厅，一个是党家村抗战英烈事迹展厅。刚好一展文一示武，体现了党家村人传承忠孝仁义、保家卫国、期望子孙后代建功立业的优秀传统。

　　数百年来，党家村二十几代人耕读传家、重文尚武、农商并举，后辈人才济济、英雄辈出、义举不断，实乃富裕文明的忠孝仁义之乡。

↓ 连二祠堂

明永乐十二年（1414），党恕轩之长孙党真中举。这位从土窑内走出的举人，不仅拟定了村落的选址和规划，撰写了家谱序言，而且开启了党家村人耕读并重、崇尚文化、重视教育的先河。

《韩城县志》载，明朝嘉靖至万历年间，灾荒严重，党家村义翁党孟辋先后济困扶危，赈灾怜贫，誉满一邑，明万历帝亲书"义翁"牌匾赐之。

清顺治年间，党德佩远赴河南南阳白河沿岸的瓦店镇经商，创建"恒兴桂"商号，取得巨大成功。

乾隆年间，贾翼堂和党玉书合作，远赴河南南阳唐河沿岸经商，创立"合兴发"商号，也取得巨大成功。

雍正年间，党金楹、党金柱联合贾正伦三兄弟石铺西坡，造福桑梓。

同治年间，党蒙进士及第，入选翰林院，无论担任钦差职务，还是在知府任上，都能刚正立身，勤政爱民。

咸丰年间，党遵圣、党之学倡建泌阳堡，党天佑率众开辟并石铺东坡。

清末民初，举人贾乐天领导了韩城新文化运动，在宣传维新、新式教育、女子解放、组织留学等方面都作出了突出贡献。

这些义举和成就表现出党家村人自强不息、耕读传家、富而好礼、积仁行善、热心公益、造福桑梓的奉献精神与创业精神。

自民国以来，村寨涌现了多名抗战救国

↑ 连二祠堂内的私塾教育展厅

英雄，为古村寨的历史文化积淀上增添了绚丽的一笔。

抗日战争期间，韩城成为黄河河防前线。党家村常驻河防部队，全村在财物、人力、畜力方面所作的贡献无法计算。

据不完全统计，抗战期间，当时党家村一个百户小村，先后就有60余人从军，奔赴抗日疆场。其中父子、兄弟一起从军者10户20人。这些抗日英雄中，有留美归来、担任国民新一军副军长、远征缅甸的贾幼慧将军；有转战南北战场、屡建奇功的党建国将军；有亲历南苑血战，又参加了中条山会战的西北军中校电台台长贾守箴；有黄埔毕业、殒身鄂西会战枣阳战役的党永德……其中，有16人壮烈殉国。

在党家村连二祠堂抗战英烈展厅，详细列出了抗战英雄的名字。

党家村良好的村风熏陶着一代代党家村后人。在当代，还涌现了党炳堂老人自费一万元修缮保护文物和民俗用具的先进事迹。

↑ 连二祠堂内的私塾教育展厅

党家村建成ＡＡＡＡ景区以来，全村人对中外游客敞开了神秘的四合院大门，好多人家里都签约成为公开旅游场地，他们也对社会敞开了心扉，对游客热情友好，展示着古老的民居文化，也展示着党家村仁义村的风采。

↑ 私塾内仿古蜡像　　　　　　　　↑ 旧文具陈列

↑ 连二祠堂

中国民间
文化遗产
抢救工程
THE PROJECT TO CHINESE
FOLK CULTURAL HERITAGES

SOS

　　陕西关中大平原物华天宝，党家村人杰地灵。黄河流域独特的地理环境，汉民族厚重的农耕文明、农商文明、儒家文化积淀，以及受外来各种文化风俗的影响，让这里的风物独特、风情迷人。当地著名特产"大红袍"花椒驰名中外，野生酸枣生机勃勃；花馍与民间小吃历史悠久，韵味悠长。一年四季的年节风俗、婚丧嫁娶习俗都充满当地特色，同时具有浓郁的文化气息。当地丰富多彩的民间艺术也历久弥新。诗情画意的党家村，以其独特的魅力，承前启后，走向未来！

↓ 首饰盒

第六章

民俗与特产

↓ 在村头劳作的手艺人

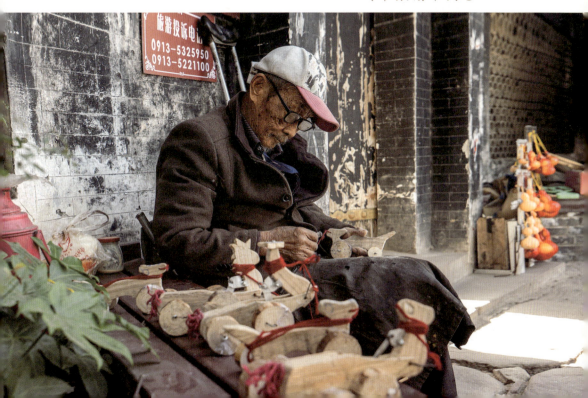

双神庙

党家村曾经香火旺盛，如今仅留下泌阳堡城头小小的双神庙、文星阁附近一个旧庙遗墙和四合院里一个个窟窿状的神龛，传达着遥远的民间信仰记忆。

泌阳堡城头有一座小小的"二合一"庙宇，号称"双神庙"。里面供奉关公和观音菩萨塑像。

这间南北方向的小庙实在小得可怜，只有一般农村住宅一间房子的一半左右。房子里面还有中间隔墙，南北对称分别供奉观音菩萨和武财神关羽。而这两位神仙恰好是党家村当年上下两座庙院供奉的主神。

史料记载，党家村曾经有过两个庙宇群：一为菩萨庙，俗称上庙；一为关帝庙，俗称下庙。

上庙在村子东北角高台上，南向并排五间寝宫，中间三间分别供奉着菩萨——中为男相观音菩萨，左边为文殊菩萨，右边为普贤菩萨。

如今所见的观音菩萨都是头梳高髻、身着白装、手执柳枝、雍容娴静的女性。实际上观音菩萨的本来面目就是男子。据《辞源》"观世音"条解释，"观音"就是"观世音"，唐朝避皇帝李世民名讳才简称为"观音"。唐宋名家所绘观世音像，皆不作妇女，只是后世讹为女像。

东一间寝宫塑牛王神像。西一间寝宫塑土地神像。前建三大间献殿，对外敞开。仅安设栅栏隔出内外，献殿前有一对两丈多高的龙凤铁旗杆，置一口用来焚烧纸马的大铁醮盆。再南是一片开放的庙院，面对一座巍峨华丽的戏台。寝宫东毗连一自成院落的送子娘娘庙，娘娘为凤冠霞帔的贵妇形象，左右各一位骑马侍女，马褡子中装着许多泥娃娃，表明她们正马不停蹄地给家家户户送子。

党家村下庙在村子东南角文星阁旁边，有完整的围墙。主建筑是坐北向南的关帝殿，殿基一丈多高，享殿和献殿皆三大间，中间隔一狭窄小天井，东西各开着一个圆洞门。享殿的神龛里面，中为美髯戎装的关羽坐像，左为关平立像，右为周仓立像。神龛的楹柱上悬挂一副木制楹联，曰："秉烛非避嫌，此夜心中唯有汉；华容岂报德，当年眼底总无曹。"出自清代村人拔贡党之学的手笔，虽然不是史实，但文思巧妙，不失为一副佳联。两边山墙上绘着显示关羽神勇的三国故事壁画。殿前铁旗杆、铁醮盆及戏台与上庙相同，只多了一对大石狮子。

下庙庙院坐东向西另有三间殿宇，中间一间祭祀马王，南边祀法王房寅，北边祀药王孙思邈。马王塑像奇特：三头六臂，三只眼睛。当地有种说法，认为马王是氏族人，

↑ 双神庙供奉的菩萨

↑ 双神庙供奉的财神

氏族有男孩都要经受割额的风俗，就是在两眉正上方割出一道立缝，伤愈后留下的疤痕远看很像一只竖着的眼睛。自小能承受刀割之苦的氏族男子都有一种剽悍气质，能被中原汉族人尊为神灵的马王爷自然更是勇猛非凡。民间口头禅常称异常暴戾者为"三只眼马王"即与此有关。庙院里东北角是一间火神庙，庙院外东南不远处还有一座财神庙。

当年下庙关帝享殿里还悬挂着二十多面金碧辉煌精工雕镂颂扬关羽的金匾，都是清朝嘉庆年间襄樊一带同党贾两姓有商业关系的商号奉献的。传说金匾当年是以毡棉包裹，用骡子小心翼翼地驮回来的。挂起后，为了免受鸟雀糟践，匾下安装"漫天网"，所以历经百数十年，金匾仍然灿烂如新。直至1958年才被卸下来做了风箱。

历经时代变迁，如今，党家村上下两座庙院已经荡然无存。上庙戏台和下庙是在20世纪80年代拆除的。现在仅有下庙西面和南面两段围墙还执着地挺立在那儿，充当着历史的见证。

庙虽然不在了，但民间信仰的影响早已走进世世代代党家村村民的心里。在党家村四合院迎面或侧面墙上，基本都会有一个内凹的方形窟窿状的神龛，是村民用来供奉土地爷的，祈求土地爷保佑风调雨顺、五谷丰登。党家村曾展出一个神龛，是清乾隆年间做的，距今已有二百多年的历史，分上、中、下三层，"麻雀虽小，五脏俱全"，其雕刻之精细，世所罕见。

民间信仰文化有着悠久的传统和独特的价值，党家村庙宇文化有着独特的意义。

↑ 村民家常见的神龛

年节风俗

党家村年节风俗与我国北方汉族风俗基本相似，也有独特之处。比如党家村四合院的门槛就很特别，是用两只小板凳相对扣起来的，叫作门凳。白天可以拿下来坐，晚上又可以当门槛用，一物两用，非常别致。在传统节令、婚丧习俗和当地民间艺术中，更能集中体现党家村风俗特色。

↑ 门凳

党家村腊月二十三小年祭灶君。祭品主要为土法熬制的麦芽糖（俗称糖瓜子），以及黏米、面包、枣泥、豆沙、油炸的角形食品等，这些都是甜而粘牙的食物，用意是打点灶火爷，乞求其"上天言好事，回宫降吉祥"。

除夕早晨，党家村老规矩首先要认真扫除巷道院落，然后糊门窗、贴窗花、贴门神、贴春联、搭神棚、绑"接神杆子"。下午要鸣爆仗接神，于爆竹声中在神棚供上写有"天地三界十方万灵真宰之神位"的红纸，在厨房墙上贴上新买回来的灶君神像，并献上银子罐儿馍、枣馍、馄饨等供物。晚上要供放祭品，焚香，祭献厅房里供奉祖先，全家老幼要按序去神主前跪拜辞年。党家村一般不吃年夜饭，但除夕要将第二天敬神所需物品准备好，要将水缸上满，将各样下锅菜切好。大年初一是不能挑水、扫地、动菜刀的。

↑ 春节耍狮子

正月初一的主要活动是祭神、祭祖和拜年。第一件事要将两扇院门大开，"正月初一门大开，金银元宝都进来"。祭祀家中天地神、土地神、灶君、财神、马王神等，供物和接神相同，焚香、燃烛、点放爆竹、跪拜等程式也相同，不同的是院里还要用柏枝、芝麻秆、木炭燃起一堆火。据说此时九头鸟口中滴血，要从天空飞过，血滴到谁家，便会给谁家带来灾难，但它最怕柏枝烟味，闻到就会远避，燃柏枝有驱邪意义。从景象上也让爆竹声连绵不断，香烛烟火缭绕飘荡的新年气氛多几缕馨香，添一道景色。然后去同族同支的各家各院拜年，去祠堂拜年，人们相遇也都相互作揖祝贺问好。

正月初二女婿携妻儿要给岳父岳母拜年。初五只给老师拜年，无师可拜的，也只能呆在家里敬神，送天地爷升天。正月十五以前的其余时日，亲朋之间相互拜年。

正月十五元宵节也叫灯节，是最热闹的，糊灯、悬灯、摆灯、挑灯、赏灯不亦乐乎。四合院一口大铁鏊里，摆满瓷做的鸡蛋大小的灯盏儿和一个面蒸的小狗；水眼口放一个灯盏儿和一只面蒸的青蛙；院子当中放一个灯盏儿和一个面蒸的小麦秸垛子；土地庙里、灶君像前，以及家里供奉的观音、马王、财神等像前都放上灯盏儿；院门前灯笼杆上挂上大红灯笼；祠堂内外都挂着

宫灯；菩萨庙、关帝庙、文星阁，各个神会都挂起火牌火对；文
星阁第二至第六层正面窗户外都悬挂着大红灯笼，远看如夜空中
垂下的两串明珠。

每年元宵节，党家村最为壮观的当数上巷东西党贾两族的两座
"灯山会"。贾族的搭在贾户门前分银院北边，祭祀马王；党族的
搭在东边不远处，即上巷最宽敞部分东头，祭祀玉皇大帝，都为戏
楼式，下可通行人马，上可唱皮影戏。

每年春节党家村周边必耍社火，由来已久，是传统娱乐节目之
一。当年党家村人在外做生意的多，在家务农的少，想闹社火也闹
不起来，只能去郭庄桥上看耍狮子，去昝村、梗村看抬芯子、背芯
子，去高神殿看四台子红，甚而去南乡赵庄看焰火。邻村人就讥讽
"党圪崂人生得鬼，舍不得银钱舍得腿"。

20世纪五六十年代，党家村破天荒排练起秦腔剧，每年正月
十三、十四、十五演出，外村人称赞"双生双旦四条丑"，影响半
个县。直唱得年年四周村上的人不远十数里来看，唱得村里人把年
年支应亲戚朋友来看戏当成了年节的一件大事。

七月七日是乞巧节，韩城有"扶巧娘娘"风俗，党家村妇女们
按照自己的形象和心态，把巧娘娘打扮成富丽妖娆穿蟒袍戴凤冠的
新嫁娘。除五六张八仙桌上夸富摆满的贡品外，还把家里的珍稀古
玩、新奇摆设拿出来亮相，让来观者应接不暇，大开眼界。

党家村的中秋节不只吃月饼，还要做节祭祖。相传进士党蒙回
乡祭祖时给祖祠捐银500两作为基金，从此就开始做节祭祖。本族
18岁至59岁男丁编为20多组，每组大约10人轮流承办。一般一个
人一辈子只有两次做节的机会。

婚丧习俗

党家村地处黄河之滨，婚俗较多地保留了黄河文化的原始风貌，反映出独特的远古神秘文化的历史信息。

婚俗馆所在的四合院门额写着"安详恭敬"四字，描写的是遵守传统礼仪应有的一种情态。这四个字是韩城状元宰相王杰写的，传说王杰和党家村这家人是亲戚。这家院落檐墙（向院一面的墙壁）木质面积比例特别大，显得排场豪华，被设计成地方婚俗展馆。

党家村过去户户睡的是炕。炕上铺着的粗布单子、枕头、被

↓ 婚俗馆

子以及房中摆放的衣柜、大箱子、四齐桌子等一般都是娘家的陪嫁品。结婚时，新郎穿长袍马褂，戴状元帽，新娘戴凤冠，也就是戴皇后娘娘的帽饰，直至20世纪50年代初仍然这样。传说这一习俗与乾隆嘉庆两朝宰相王杰有关，王杰儿子结婚时，皇上恩准新郎戴状元帽，新娘戴凤冠。由此韩城民间纷纷仿效，于是成了风俗，延续一个半世纪之久。

　　党家村当地婚俗中还有婚礼第二天婆媳"交扫帚"风俗。一大早新媳妇起床梳妆结束后，婆婆会头顶一条头帕，拿一条扫帚进门，啥话不说就弯腰扫地。新媳妇急忙阻挡，接过扫帚，婆婆就势把头上戴的头帕取下给新媳妇戴上，还会从手指上卸下一枚提前准备好的戒指交给儿媳。这有趣的一来一往，婆婆实现了"多年媳妇

↓ 婚礼现场

凤冠

凤冠

洞房

婚礼彩门

迎亲花轿

新婚礼服

熬成婆"的心愿，新媳妇也承担起了干家务照顾家人的责任。身教重于言教，党家村的女人们就这样完成了跨代家务责任传承。

在农村，婚丧称为"红白喜事"。从文化传统来说，儒家主张"慎终追远"，又认为"死生有命"，极为达观。亲人去世以后，家人在呼天抢地的痛哭声中要做的事情是在逝者的土炕前烧"下炕钱"，示意告别，逝者不会再上这炕了；同时还会烧纸扎的"童子赶着的毛驴"，示意送行逝者开启阴间的行程。时代变迁，如今烧的纸扎已经由"毛驴"变成了"轿车"。

党家村的葬礼同样在尊贵而神圣的厅房举行。首先要给亲朋四邻报丧，依次拟写白纸挽联，出讣告总结逝者一生，搭灵堂祭奠守灵。去世老人的遗体会抬到厅房内，设置灵堂让闻讯赶来祭拜的亲人瞻仰遗容，见上最后一面。灵柩前挂素色幕帐，中间贴一个大大的"奠"字，前设供桌供亲友吊唁。厅房内长明灯七日不灭，儿孙

↓ 葬礼出殡

孝子昼夜陪护守灵。

送葬前一天有烘墓"暖窑"仪式。天黑时分，五服内的男女孝子穿孝服来到灵前，在乐队伴奏声中哭拜烧纸祭奠。一般大女婿主祭，行三跪九拜大礼。随后孝子列队，在乐器声中穿过村道，来到墓地"暖窑"：携带马灯、木炭火盆、香烛、酒菜进入墓穴内，点灯焚香、倒酒放炮，完成程序。然后原路列队奏乐返回灵堂，祭拜昭告。这一晚，主家院内会请鼓乐队，演奏乐曲，唱秦腔戏，邻居都会来看，热闹至半夜。

逝者入殓日，事主家门前会挂上"招魂幡"，上书"归去来兮""神赴玉楼"（逝男），或者"瑶池添座"（逝女）等吉祥语，送别亲人，昭示乡邻。孝子黎明即起，乐人伴奏哀乐，在执事人的指挥下，邻居帮忙抬灵枢入墓，依次放上面盆、面灯、面鸡、竹弓、竹箭，最后挡以墓石门填土。直至墓冢圆起，撒上五谷，插上柳枝和花圈，逝者方入土为安，回到永恒的大自然。

按照习俗，人去世后要连续进行六天的悼念活动，在这期间，孝子、亲友极尽哀戚。第七天为安葬日。从安葬日前一天晚上到出殡，不断穿插鼓乐班子的演奏、演唱活动，既有悲凉的唢呐乐声，也有欢乐的戏剧唱段。这既是为了调节逝者亲人的心理，也具有答谢村人的意思。

就这样，时而是高亢的唢呐声，时而是孝子的哀哭声，时而是表演引起的赞叹声、欢笑声，人们就这样最后送别死者。悲伤与欢乐交织，看来十分荒谬，却自然而又合乎情理。

锣鼓与社火

　　过年过节，喜庆之日，祈福求雨之时，都会看到锣鼓表演，陕西锣鼓具有节奏明快、粗犷劲雄、激昂高越、形式多变、气势宏大的独特风格，既能在野外表演，又适宜舞台演出，表演气氛热烈，动作花哨，振奋人心，一派阳刚之美。陕西锣鼓比较有名的有安塞腰鼓、洛川蹩鼓、宜川胸鼓、咸阳牛拉鼓和韩城锣鼓。

　　韩城锣鼓形式主要有韩城行鼓和韩城围鼓之分。韩城行鼓，俗称"挎鼓子"，历史上不论逢年过节，还是求神祈雨，总能听到激昂的锣鼓声。韩城围鼓原名西川锣鼓，主要分布在西川沿线，其中薛峰围鼓比较有名。为欢庆丰收而表演的"百面锣鼓"很为韩城群众所喜爱。

　　韩城社火中最特别的项目之一是抬神楼，也叫趔爷架（爷，韩城方言读ya，即神的意思；架，即神楼），或者叫耍神楼或闯神楼，是韩城当地独有的一种庙宇祭祀和祈雨求神的艺术表现形式。如今威武雄壮的韩城抬神楼已成为全国独一无二的社火奇葩，被誉为"社火之王"，已列入陕西省第一批非物质文化遗产保护名录。

　　韩城抬神楼分为文神楼和武神楼两种，文神楼乃法王楼；武神楼乃黑虎楼

↑ 文神楼

与灵官楼。文神楼比武神楼略大，为木质结构，高约6尺，宽约4尺，重约400公斤。神楼左右有两根碗口粗的抬杆，长约12米。抬时前4列，后4列，各8人，共需16人抬。楼顶飞檐，雕制精巧，彩绘华丽。文神楼内为赤面金身、横眉怒目、手捉毒蛇的泥塑法王坐像，栩栩如生。逢年过节，人们蒸法王馍，祭神之后，家中男丁分食，意为仰仗法王神灵，身强体壮，祛病消灾。武神楼分为黑虎楼与灵官楼，4人抬，高约4.5尺，宽约1.8尺。两座武神楼内的神像一黑脸，一红脸，凶神恶煞，令人生畏。每年正月十五，

↑ 抬神楼

各家轮流奉祭，直至清明节，全村送神上庙，献祭焚香，唱大戏，耍神楼，锣鼓喧天，气势澎湃。

　　党家村四合院有民俗展厅，展示村民家里收集的民间农具、神楼、纺车、磨盘、马车轱辘、食盒、担盒、清油灯、天平架、帽盒等民间物品，还有封建时代妇女脚上穿的三寸金莲鞋子。有当时使用过的装饰品、瓷器，做生意用过的印章、银票，以及买卖土地的地契、清单等。还有当时妇女的手工刺绣，最有特点的是当时小孩睡觉用的孩儿枕，专门做成空心，小孩侧睡时放耳朵，耳大有福，显示了父母对孩子的呵护与期盼。

纺车

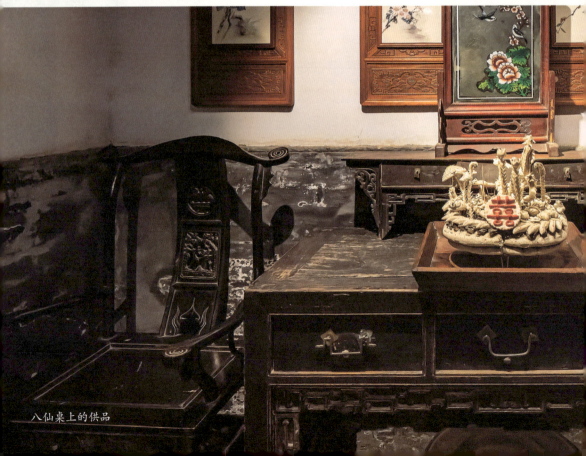

八仙桌上的供品

長風破萬里

古色古香的民俗展厅

食盒

木车轮

花椒与野生酸枣

党家村植被基本保持原始自然风貌，包括自然生长形成的撂荒林地和沟壑林地。目前在村落南部沿河道区域多为高乔疏林植被，北部为沟壑灌草低矮植被，东部为村民种植的经济作物，西部为原有的矮灌木高乔木结合形成的密林植被区。

2000年，党家村所在的韩城被国家林业局命名为"中国名优经济林花椒之乡"，"大红袍"花椒以粒大、皮厚、色鲜、味浓而驰名中外。韩城花椒历史悠久，距今已有600多年的栽培历史，年产4000万斤，占到全国的1/6。党家村也盛产花椒。

↓ 党家村花椒

党家村传统农业生产以种植小麦、玉米为主，农业、林业经济类作物为花椒、豆类、桃、杏、梨、苹果等。

除了花椒，花椒酸奶、花椒辣椒油、花椒芽菜罐头等花椒系列土特产也颇受欢迎。

党家村南北高坡上的酸枣树特别多，酸枣是一种中药材，多野生，常为灌木，也有的为小乔木。

酸枣枝、叶、花的形态与普通枣相似，但枝条节间较短，托刺发达，叶小而密生，果小，多圆或椭圆形，果皮厚、光滑，呈紫红或紫褐色，肉薄，味大多很酸，核圆或椭圆形，核面较光滑，内含种子1至2枚，种仁饱满，可作中药。

中医界普遍认为酸枣仁的功用是养肝、宁心、安神、敛汗，可以治疗虚烦不眠、惊悸怔忡、自汗盗汗等症。近代药理证实，酸枣仁确有镇静、催眠作用，并常与中药马来眠同用以增加疗效。

↑ 花椒产品

↑ 花椒辣椒油

↑ 野生酸枣

民间小吃

花馍

党家村的民间艺术以面塑为主，它是民间食俗、礼仪祭祀等诸方面的文化载体，贯穿于四时、节日和人生礼仪的全过程，因为要在馍上面塑花造型，党家村人亲切地称之为"花馍"或"面花"。在村西头有一家专门展示民间艺术花馍的展厅。

凡遇年节或人生重要时刻，党家村人都要蒸花馍。春节蒸"献爷馍"，元宵节蒸"年灯馍"，二月二蒸"咬虫馍"，端午节蒸"簸箕馍"，中秋节蒸"月饼馍"，给人祝寿蒸"寿桃""寿

↓ 花馍

盘"，花馍中蕴含着尊老爱幼的深情厚爱。

面花分为三大类：一类是祭祀面花，一类是喜庆面花，一类是节令面花。

祭祀面花以"献爷馍"（韩城方言把神、祖统称为"爷"，口语读"ya"）为主体，五个为一副。敬神祭祖时作祭品，祭毕敬赠于亲族中的老人。

喜庆面花几乎贯穿了人的一生，结婚时娘家妈给女儿蒸的是圆形枣糕子，里边包三层枣，意思是希望女儿结婚后，能和丈夫甜甜蜜蜜，早生贵子。女儿生了孩子满月后要到娘家住几天，回来时，娘家妈就蒸些串串馍，希望女儿多子多福。老人过寿时儿女们蒸的叫寿盘，里边包的是枣、芝麻、糖等，上面有五只蝙蝠，中间有一

↓ 花馍

个寿字，意在多福多寿。老人去世后，蒸的是盘子馍，做成像坟顶样式，表示逝者一生功德圆满。

节令面花是逢年过节时蒸的。清明节给男孩的是独食子，给女孩的是枣糕子，枣糕子上一半是牡丹，下一半是莲花，代表富贵和纯洁。端午节娘家妈送给女儿的是簸箕馍，意思是告诉女儿快要夏收了，准备好农具；或送五果馍，希望年年五谷丰登。七月七日给女孩蒸的是巧儿馍，意在希望女儿心灵手巧，会做家务；给男孩蒸的是砚台馍，意在希望儿子能够好好读书，有所成就。

韩城花馍的特色，一是外形大，重要蒸食，如祭祀蒸食，大都以一斤半水面做一个，显得庄重、大气。二是制做工艺简单，如汉魏石雕，手法简练，只求神似；如中国画中的水墨写意，重在意境，它的主体是馍而非面花，所以不需要涂抹颜色，从而保持了馍本身的环保与卫生，当其礼仪功能完成之后便可食用，这是韩城花馍与外地面花的最大区别。

韩城花馍还具有重要的社会功能。一是蒸食往来以血缘关系远近定数，体现了人际关系中礼尚往来的原则。二是带有明显的互助色彩。过事主家要在短期内备足多人的膳食，有时确实力不能及，于是众亲戚便以蒸食相援，这就是蒸食在往来中数量较多的主要原因。

芝麻烧饼

芝麻烧饼又称油酥饼，为当地一绝，往往和羊肉饸饹同食。用高筋小麦粉，经过和面、醒面、制剂、拉条、涂油、制饼、沾芝麻、烙饼、烘烤九道工序制作而成。芝麻烧饼两面焦黄，层层油酥，动之掉渣，香气扑鼻。

羊肉饸饹

历史上金元时期女真人和蒙古人以韩城为南进基地，在此生活两百余年，羊肉饸饹带有明显的游牧民族的风情特色。饸饹以荞面为主，掺入一定比例的小麦粉，和好的面团通过有漏眼的床子压成面条，直接入沸水煮熟，经冷水过凉。臊子选上好肥瘦相间的羊肉，

↑ 羊肉饸饹

↓ 羊肉饸饹

切成细丁，小火煸炒，浸出油脂，加入花椒大料，慢火炖制数小时，又以羊油和植物油烧制成红油辣子入臊子汤。吃时饸饹淋水入碗回热，浇上羊肉臊子汤，洒上香葱、韭菜花，漂一层辣子红油，调入香醋，口感酸辣，肉烂汤香，光滑筋道，回味无穷。

羊肉泡馍

韩城人的吃法是羊肉泡干馍。将蒸好的馒头去皮，掰成两半，暴晒风干。干馍泡入羊肉汤里，吸尽汤汁，入口即化，满嘴留香。

臊子馄饨

臊子馄饨是过年过节、男婚女嫁、老人祝寿、孩子满月等场合招待宾客的待客饭。将事先捏好蒸熟的馄饨用开水回热泡软，再浇上精心调制的猪肉臊子汤。肉臊子选上好的五花肉，切块成丁，热锅凉油，文火煸炒，待肉里油浸出，加入八角、桂皮、茴香、豆蔻和享誉国内的"大红袍"花椒，入老抽、生抽上色，加水小火慢炖数小时方可。臊子汤以高汤为底，加入炖好的肉臊子，再放入油炸豆腐丝、黄花菜、木耳、海带、豆腐、虾米和葱姜调料，大火烹制，水滚汤沸，投入菠菜、白菜丝，断生停火，臊子汤即成。食时以糖蒜、咸菜等小菜佐之，入口筋道，汤鲜肉烂，口齿留香。

在党家村，还可品尝村民自家制作的棋子豆、椒叶饼、花椒酸奶等农家特色小吃。

臊子馄饨

附录

附录一：党家村现存公益碑名录

（1）《节孝碑文》

（2）《韩邑北乡义民及团勇殉难碑记》

（3）《重修（汲福巷）井舍碑记》

（4）《创建土门巷门楼碑记》

（5）《西井房碑记·之一》

（6）《西井房碑记·之二》

（7）《重修六行巷旧井并新建井房记》

（8）《新修泌阳堡碑记》

（9）《合堡甲牌碑记》

（10）《堡中地亩粮石分数条规碑记》

（11）《贾耿氏捐资碑记》

（12）《党家村民居调查纪念碑记》

↓ 四合院

附录二：党家村四合院壁刻家训集锦

（1）忠厚传家远，诗书继世长。

（2）读书成家之本，循礼保家之根。

（3）居家有道惟能忍，处世无奇但率真。

（4）要门庭显，必须积德；求子孙贤，还是读书。

（5）读圣贤书，立修齐志；存忠孝心，行仁义事。

（6）薄味养气，去怒养性；处抑养生，守清养道。

（7）世间唯五伦，施而不报，彼以逆加，吾以顺受。

（8）贫穷宜固守，富贵莫兴狂；勤俭立身本，谦和处世方。

（9）遵祖宗二字格言，曰勤曰俭；教子孙两行正路，惟读惟耕。

（10）古今来多少世家，无非积福；天壤间第一人品，还是读书。

（11）创业维艰，祖父备尝辛苦；守成非易，子孙宜戒奢华。

（12）百忍传家宝，一经教子方；居仁为本务，由义乃长康。

（13）祖宗虽远，祭祀不可不诚；子孙虽愚，经书不可不读。

（14）思孝安家国，读书教子孙；若行平等事，阴德满乾坤。有此病自有此药，不必较量。

（15）四百载守祖宗一脉真传，曰勤曰俭；廿三代教子孙两条正路，惟读惟耕。

（16）无益之书勿读，无益之话勿说；无益之事勿为，无益之人勿亲。

（17）在少壮之时，要知老年人的心酸；当旁观之境，要知局内人的景况。处富贵之地，要知贫贱人的苦恼；居安乐之场，要知患难人的痛痒。

↑ 壁刻家训

↑ 壁刻家训

（18）行事要谨慎、谦恭、节俭，择交友；存心要公平、孝悌、忠厚，择邻居。

（19）富时不俭贫时悔，见时不学用时悔；醉后失言醒时悔，健不保养病时悔。

（20）阶前彝训，父慈子孝，斯礼相传百代；堂上和气，兄友弟恭，此风还聚一门。

（21）祖宗广阴功，清白传家，和气雍雍禋祀远；子孙日蕃衍，忠厚继世，春风蔼蔼岁筵长。

（22）傲不可长，欲不可纵，志不可满，乐不可极；动莫若敬，居莫若俭，德莫若让，事莫若咨。

（23）国则思忠，家则思存，民则思信，为人之根本也；德乃欲高，行乃欲洁，礼乃欲周，处世之要诀也。

（24）孝弟立身之本，忠恕存心之本，积善裕后之本；读书起家之本，勤俭治家之本，循礼保家之本。

（25）言有教，动有法，昼有为，宵有得，息有养，瞬有存；心欲小，志欲大，智欲圆，行欲方，能欲多，事欲鲜。

（26）友贵淡交，需从淡中交得去，人原难做，仍自难处做将来；志
欲光前，惟以诗书为先务，心存裕后，莫如勤俭作家风。

↑ 壁刻家训

附录三：党家村四合院门楣门匾题字集锦

经过民间文化工作者先后多次反复搜集整理，党家村四合院门楣门匾题字中出现频率最高的词汇有以下70多个，内容上大致分为五类：

第一类，标榜家族祖宗功名，激励后代子孙自强，期盼门庭发扬光大：

［登科］［文魁］［明经］［太史第］［诗书第］［诗礼第］［外翰第］［文林第］［诒谋燕翼］［明经进士］

第二类，传达农耕文明，致力耕读文化：

［耕读］［耕读第］［耕读传家］［耕读世业］［稼穑维宝］

第三类，传达儒家思想理念，以及中国知识分子修身、齐家、治国、平天下信念：

［忠恕］［忠信］［忠厚］［笃敬］［修齐］［孝弟］［敬恕］［孝弟慈］［忠恕居］［安仁居］［居仁由义］［孝弟忠信］［忠厚传家］［敦务修齐］［慎修思永］［诚正修齐］

第四类，传达中华民族勤劳、善良、勤俭、和睦、谦虚传统美德：

［勤俭］［和为贵］［和致祥］［积善堂］［宝善居］［枕善居］［安处善］［勤为本］［勤俭居］［勤为宝］［谦受益］［谦和慎］［勤谨和缓］［勤俭传家］［谦和处世］［履中蹈和］［和气致祥］［积善余庆］［克勤厥家］［安详恭敬］

第五类，弘扬普世道德观念，倡导清白廉洁门风，期盼世代平安昌盛发达：

［光前］［裕后］［积德］［尚德］［德维新］［光裕第］［明德居］［怀德居］［树德第］［庆有余］［安且吉］［世德维新］［常存敬畏］［步履恒严］［其旋元吉］［长发其祥］［紫气东来］［瑞气永凝］［志裕光前］［心存裕后］［惟怀永图］［清白传家］［清白长远］

↓ 门楣门匾

附录四：党家村四合院楹联选粹

☆ 党家祠堂院中党蒙撰写木刻对联：

由朝邑迁韩邑，五百载人文蔚起；

自元代迄清代，二十世俎豆常新。

☆ 党家祠堂大门对联：

村堡悠悠，七百年裕后光前，静观古今世事；

族象济济，千余口安居乐业，笑迎中外游人。

↓ 党家祠堂楹联

☆ 贾家祠堂厅前贺寿联：

椿茂萱荣堂上屡承仙露润；

天长春永阶前咸舞彩衣新。

☆ 贾家祠堂厅堂联：

四百载守祖宗一脉真传，曰勤曰俭；

廿三代教子孙两条正路，惟读惟耕。

☆ 贾家祠堂神龛对联：

守祖宗一脉真传，曰勤曰俭；

教子孙两条正路，惟读惟耕。

☆ "回廊院"厅房状元王杰撰写的名联：

落笔千年犹细事；

读书万卷要深期。

☆ "看家楼"厅房两侧对联：

行事要谨慎，谦恭节俭择交友；

存心要公平，孝弟忠厚择邻居。

☆ "一颗印"院党丕经先生生前自撰自书的木刻对联：

祖宗艰难创业，建此庄，建此宅，原意为蔽风雨，乐农商，岂料留下稀世瑰宝，可光中华建筑史；

子孙懵懂享用，作于斯，得于斯，不识其庐山面，蕴椟玉，既经拂去历史尘埃，方见北国文明村。

☆ "一颗印"院厅房悬挂对联：

顺情须顺理；

积德胜积财。

☆ 老院厅内木刻对联：

家有素风惟孝友；

世贻清泽在诗书。

☆ 老院苫屏门传统对联：

继祖宗一脉真传，克勤克俭；

教子孙两行正路，惟读惟耕。

☆ 老院大门前党鉴泉自撰联：

问津桃花源，失之渊明笔下；

信步泌水岸，得于恕轩门中。

☆ 老院厅前党鉴泉自撰联：

教子诲孙，当以耕读为齐家之本；

为学从业，须知文武皆报国之途。

附录五：党家村抗战英烈名单

党家村连二祠堂抗战英烈展厅，详细展出了抗战英雄的名字和英雄事迹。其中为国捐躯者：

耿惠云、党其昌、党换章、党瑛峰、党永德、党水旺、党怡孙、党永观、党养全。

从军后无音讯，下落不明者：

贾根彦、党延春、党任新、党庚宏、党忠儿、党保章、党长才。

战后生还者有：

贾自温、贾幼慧、党建国、党守簸、党海滨、党忠实、贾自让、党元凯、党凤洲、党永和、党德兴、党克坚、党振南、党鹤亭、党永昌、党克权、党正祥、党光壁、党进财、党顺兴、党永昌、党延年、党子慧、党瑞高、党树贤、党少贤、党宗孝、党谦

↓ 英烈名垂千古

祥、党文章、党宏章、党集祥、党清、党玉生、党万胜、党银旺、党建高、党振渊、党崇宪、党启康、党永祥、党宏才、贾有义、党崇礼、党铭传、党麟书、贾幼诚、党宗义。

其中还涌现了多对父子、兄弟同时参军保家卫国者：

父子从军：党子慧　党万胜

兄弟从军：党庚宏（殉国）　党忠儿（殉国）

党换章（殉国）　党文章

党克长　党克坚　党克全

党铭勋（党英峰）（殉国）　党铭传

党谦祥　党集祥

党其昌（殉国）　党永昌

党水旺（殉国）　党银旺

党延春（殉国）　党延年

党宗义　党宗孝

贾自温　贾自让

参考文献

[1]党鉴泉.品味党家村[Z].内部资料，2012.

[2]党鉴泉.田舍郎诗联存稿[M].北京：中国文联出版社，2019.

[3]党康琪.党家人说党家村[Z].内部资料，1999.

[4]党康琪.党家人说党家村续集[Z].内部资料，2004.

[5]韩城市有关部门.韩城市党家村传统村落保护与利用项目工作情况汇报[Z].内部资料，2016.

[6]和连芬，张贵生.中国历史文化名村·河北神头[M].北京：知识产权出版社，2017.

[7]李文英.民居瑰宝党家村[M].西安：陕西人民教育出版社，2002.

[8]周若祁，张光.韩城村寨与党家村民居[M].西安：陕西科学技术出版社，1999.

后 记

2016年8月25日，由陕西省文学艺术界联合会、陕西省住房和城乡建设厅主办，陕西省民间艺术家协会主持的"留住乡愁——陕西省传统村落立档调查"文化工程项目正式启动，试点首选韩城市党家村。在中国民协副主席、省民协主席王勇超，省民协顾问王盛华，省民协常务副主席兼秘书长刘丽玲的带领下，一行20余人，奔赴党家村开展此项工作。随后，大量精细研究建档工作陆续展开。

2018年6月6日，我们遵照中国文联、中国民协的要求，进一步加强此项工作的组织和领导，组建了专门的研究、调查和写作班子，并向有关主管部门领导汇报了开展此项工作的历史和现实意义，取得了积极支持。

2018年10月起，在陕西"留住乡愁——陕西省传统村落立档调查"的基础上，省民协顾问、省国学研究会常务副主席、文化学者王盛华，省民协常务副主席兼秘书长刘丽玲，又再度组织得力人员，按照《中国传统村落立档调查田野手册》和《中国民间文化遗产抢救工程——中国历史文化名城·名镇·名村丛书》的要求，深入开展调查研究，搜集了大量文献资料，为本书打下了良好的基础。

2019年6月，为了加快本书进度，编委会在统一调配下，又再度配备得力专业人才，拿出差旅费和资料采购费用，选派知名作家、西安科技大学高新学院王印堂老师和摄影师晏天梁等人，长途跋涉，数度深入韩城党家村，进行现场调研和书面调研工作。几位同志本着对历史对时代负责的精神，住进党家村村民家里，与村民吃住在一起，走村串巷，零距离感知、感悟党家村这座历史文化名村的魅力。

经过紧张的调查、采风、访谈、摄影、搜集文案资料工作和构思、创作、编辑、数易其稿，于2019年底脱稿，《中国历史文化名村·陕西党家村》终于交由知识产权出版社审核。

知识产权出版社编辑孙昕、赵昱经过认真、仔细的审核，多次提出了详细、专业、宝贵的修改建议，为我们撰写、编写此书提供了一定的依据。

↑ 中国民协副主席王勇超等在党家村考察

2020年，本书执笔主编王印堂又依据第一主编王盛华老师和出版社责任编辑的专业指导意见，先后多次对书稿结构进行了调整，对书稿所有文字、图片进行了校正、压缩、修改，字数由11万字压缩精练到7万多字，再度提交出版社审核。

经出版社编辑审阅，对300多张照片提出了指导更换意见。为了保障书籍质量，2020年10月，王盛华主编又选派专业摄影师郦俊先、李瑛、赵安甲三人再次赴党家村现场采风拍摄，并联系到著名摄影家范德元先生，

↑ 陕西省民协顾问王盛华、常务副主席兼秘书长刘丽玲等在党家村考察

俯瞰党家村

为我们提供了他拍摄的部分图片，王印堂从大量照片中择优选择，调整更换了100多张照片，直到满意为止。

本书稿前后经过10次修改，才得以正式面世。

我们对本书提供热心帮助的党家村文化人党鉴泉、党康琪，以及村民党彩铃、党小平、孙晓琴等，对热情为我们提供便利的景区导游卜娜，对本书编写过程中涉及的参考资料作者、编辑、摄影家表示衷心感谢！特别是对著名摄影家范德元先生无偿提供的精心拍摄的党家村早期照片表示诚挚的谢意！

特别感谢知识产权出版社的编辑孙昕、赵昱的专业指导！

需要说明的是，为了保证本书的权威性和公正性，编著过程中参考了一些党家村历代遗存和传说中形成共识的资料、当地政府官方媒体宣传资料、景区旅游开发期间公开广告宣传的资料，如一些书刊、网络公开资料，以及与党家村文化有关的名人资料、晋商资料、文物资料、当地特产、风俗资料等。殊途同归，目的都是扩大党家村的影响力，保护中国民居瑰宝，因此择优收录、参考、引用的参考文献资料名单列在附录内，特此向原作者致谢！

由于历史古迹时间跨度大，编辑时间紧、工作头绪多，尽管我们已经全力以赴，也难免出现差错，恳请专家和读者批评指正！

《中国历史文化名村·陕西党家村》编委会

2023年4月

图书在版编目（CIP）数据

中国历史文化名村. 陕西党家村 / 中国民间文艺家协会组织编写；
潘鲁生, 邱运华总主编. —北京：知识产权出版社, 2023.10

（中国历史文化名城·名镇·名村丛书）

ISBN 978-7-5130-7857-3

I. ①中… II. ①中… ②潘… ③邱… III. ①乡村—概况—韩城 IV. ①K928.5

中国国家版本馆 CIP 数据核字（2023）第 088924 号

责任编辑：赵　昱　　　　　　　　责任校对：王　岩

装帧设计：研美文化　　　　　　　责任印制：刘译文

中国历史文化名城·名镇·名村丛书

中国历史文化名村·陕西党家村

中国民间文艺家协会　组织编写

总　主　编　潘鲁生　邱运华

本卷主编　王盛华　王印堂

出版发行：知识产权出版社 有限责任公司		网　　址：http://www.ipph.cn	
社　　址：北京市海淀区气象路 50 号院		邮　　编：100081	
责编电话：010-82000860 转 8128		责编邮箱：zhaoyu@cnipr.com	
发行电话：010-82000860 转 8101/8102		发行传真：010-82000893/82005070/82000270	
印　　刷：天津市银博印刷集团有限公司		经　　销：新华书店、各大网上书店及相关专业书店	
开　　本：720mm×1000mm　1/16		印　　张：13	
版　　次：2023 年 10 月第 1 版		印　　次：2023 年 10 月第 1 次印刷	
字　　数：150 千字		定　　价：80.00 元	

ISBN 978-7-5130-7857-3

出版权专有　侵权必究

如有印装质量问题，本社负责调换。